포스트모던 시대의
어린이 사역

Postmodern
Children's
Ministry

아이비 벡위트 지음

정일오 · 최형걸 옮김

포스트모던시대의
어린이사역

도서
출판 대서

Postmodern Children's Ministry
Copyright © Ivy Beckwith

Korean Edition Copyright © 2009 by DaiSeo, Seoul, Republic of Korea.
Translated and used by permission of ZONDERVAN Press through arrangement of rMaeng2, Seoul, Republic of Korea.

역자 서문

본 『포스트모던 시대의 어린이 사역』은 다년간 어린이 사역을 해 왔고 어린이 연구에 상당한 실력을 갖춘 아이비 백윗트 여사가 쓴 글이다. 이 책은 분량은 작지만 이 책이 말하는 내용은 가히 혁명적이라고 할 정도로 굉장히 중요한 가치가 있다. 어린이 사역은 우리 사회가 가장 소중하게 다루어야 할 분야다. 어린이를 신앙적으로 바르게 교육하면 그 어린이는 온 세상을 변화시킬 것이다. 가정에서는 가정을 변화시키고, 학교에서는 학교를, 학원에서는 학원을, 사회에서는 사회를 변화시키고 나아가 전 세대를 변화시켜서 이 사회와 국가를 완전히 변화시킬 것이다.

사회와 국가를 변화시키는 것은 경제도 아니고 정치도 아니다. 의학이나 철학, 인도주의도 아니다. 성령으로 변화된 어린이를 길러내고 그 어린이를 예수님의 인격을 닮은 사람으로 교육하는 것이다. 이 사회의 총체적인 문제 해결의 열쇠는 어린이에게 있다. 교육 분야에서 수고하고 연구하는 사람들은 많다. 그러나 세상의 교육에 희망을 둘 수 없다. 인간 변화는 단순한 사회의 교육학에서는 할 수 없는 일이다. 오직 하나님의 성령으로 거듭나게 하고 성숙한 그리스도인이 되게 하는 기독교 교육에서만 할 수 있다. 그런 면에서 볼 때, 이 책은 혁명적이다.

    이 책은 최형걸 교수가 초역을 하고 정일오 목사가 완역을 하였다. 기독교 교육에 종사하고, 사람을 변화시키고 성숙한 인간 만들기 운동을 하는 사람들이 반드시 읽어 보아야 할 책이라고 믿어 강력히 추천하는 바다.

최형걸, 정일오 드림

안내 글

　　어린이 전문사역자들이 활동한 지도 25년이 넘었으니 어린이 사역도 이제 성년의 나이가 됐습니다. 교회에서 사역자를 채용할 때 어린이 사역자는 보통 두세 번째의 우선순위를 차지합니다. 북아메리카 교회들은 교회에 속한 아이들 및 가족들을 영적으로 양육하고 돌볼 필요가 있다고 진지하게 생각합니다. 이는 좋은 일입니다.

　　지난 15년간 어린이 신앙 교육의 훈련 방법은 사역 중에서 높이 평가되는 분야로 발전해 왔습니다. 기독교 교육 대학원은 어린이 신앙 교육 분야에서 고도로 발전된 프로그램이나 숙련된 교사들을 보유하고 있습니다. 어린이 사역 전문가 평생 교육을 위한 평신도 프로그램과 교사 강습회가 급속도로 늘고 있고,

이러한 모임들은 참석자를 유치하기 위하여 경쟁을 합니다. 어린이 사역자를 돕는 기관들이 아메리카 대륙 전역(한국도 역시 같다-역주)에서 생겨났습니다. 이 역시 좋은 일입니다.

미국의 복음주의 교회들과 프로테스탄트 교회들의 주류를 형성하는 교회들의 커리큘럼을 출판하는 출판사들은 어린이 신앙 교육에 관한 자료와 자원들을 만들고 개발하는 데 자금을 투입함으로 어린이 사역의 이러한 추세에 도움을 줍니다. 기독교 서점의 서가에는 어른들이 어린이들에게 성경을 가르치는 것을 도와주기 위해 만들어진 책들이 줄지어 꽂혀 있으며, 또 많은 대형 서점이나 체인점들이 서점 안에 기독교 교육만을 취급하는 구간을 둡니다. 이 분야의 출판물만 취급하는 기독교 교육 전문가들도 있습니다. 역시 좋은 일입니다.

저는 교회의 어린이 사역이 이렇게 주목할 만하게 성장하는 것을 직접 지켜보면서, 이러한 성장에 약간의 후원을 하기도 했습니다. 저는 복음주의 대형 교회에서 어린이 사역 책임자로 일합니다. 저는 지금까지 교회에 나타난 이 새로운 분야의 커리큘럼과 정보들을 편집, 판매하는 여러 출판사에서 일하기도 했습니다. 저는 또한 지역 및 국내 어린이 사역 강습회에서 강연하고 가르쳐 오면서, 어른들이 10세에서 12세 안팎의 어린이들의 감정을 이해하는 데 도움을 주는 교과 과정을 만드는 워크숍을 주관해 왔습니다. 그러면서 제가 속한 교회의 사역들과 다른 교회의 사역들 가운데 훌륭한 결과들이 나오는 것을 보았습니다.

저는 모든 사람들에게 유익을 주었던 어린이 사역이 성장하는 추세에 편승해 왔습니다.

저는 지금이 변화의 시기라고 생각합니다. 기독교 출판계의 재임 기간의 막바지 즈음, 어린이 사역을 '재미' 있게 만들 필요를 놓고 많은 어린이 사역 전문가들이 서로 토론하는 것을 들었습니다. 제가 잠시 일했던 한 출판사는 아동 커리큘럼을 아예 'Funday School Curriculum' (즐거운 날 학교 프로그램; 주일[sunday] 학교 프로그램이 아닌-역주)이라는 이름으로 내놓기도 했습니다. 저는 결코 재미(fun)에 반대하는 사람이 아닙니다. 저 또한 재미있는 것을 좋아하고, 어린이들이 교회에 출석하는 것을 음울한 체험으로 느끼면서 자라기를 원치 않습니다. 우리가 어린이들에게 제공하는 학습 체험은 매력적이고, 흥미로우며, 창조적이어야 합니다. 하지만 제가 우려하는 점은, 프로그램을 재미있게 만드는 것이 무엇보다 중요하다고 강조하는 것은, 교회가 어린이 사역에 있어서 어떤 교회가 되어야 하는지의 문제, 즉 어린이의 신앙형성에 대해서 제가 생각하는 바를 흐리고 있다는 것입니다.

출판계를 떠나 지역 교회 사역으로 복귀했을 때, 저는 재미를 추구하는 이런 경향이 사라질 것이라고 생각했지만, 실제로는 오히려 더 강해졌습니다. 저는 교회 성장과 관련 있는 웹 사이트에 올라온 어린이 사역 메시지를 자주 읽었고, 교회로 몰려올 새로운 아이들과 무엇을 해야 할지 몰라서 아주 어찌할 줄 모르는 교회 개척자의 질문도 읽었습니다. 다른 교회 개척자는 아이들을 돌볼 두 명의 자원 봉사자들을 발굴해서, 어린이 사역을 '성경과의 생일 파티'라고 생각하는 자원 봉사자들을 훈련시킬 독창적인 포스터를 벽에 붙이라고 충고했습니다.

대형 교회 어린이 사역자들의 모임에서, 한 부인이 자신이 섬기는 교회 지도부가 어린이들을 위하여 더 크고, 더 좋고, 더 멋진 프로그램들을 지속적으로 제공하려는 데서 압박감을 느꼈다고 말했습니다. 이에 대해 저는 그렇게 더 멋진 프로그램을 만드는 일은 아이들이 원하는 바도 아니고 영적인 신앙 형성을 촉진시키는 데 필요한 것도 아니라고 말했습니다. 그러자 그 부인은 만일 이런 종류의 프로그램을 제공하지 않으면 아이들이 교회에 오지 않을 거라고 대답했습니다. 부모들은 이런 종류의 프로그램을 제공하는 교회들을 선택해서 참석할 것이라는 것입니다.

어린이들이 하나님을 알고 사랑하고 또한 예수님을 따르는 삶을 살도록 돕고자 하는 우리의 진지한 질문은 어디엔가 답이 있을 터인데 우리는 길을 잃어버렸습니다. 지난 20여 년이 넘게 전 어린이 사역에서 고무적인 일들이 나타났음에도 불구하고 이 어린 생명들을 영적으로 성숙시키는 일이 어떤 종류의 것인지와 그것을 이루는 방법을 잊어버렸습니다. 이제는 변화할 때라고 생각합니다.

어린이들을 영적으로 양육하는 문제와 관련해서 길을 잃은 것은 교회만의 문제가 아니라 엄청난 문화적 변혁에 직면함으로 나타나는 문제이기도 합니다. 그와 함께 교회에 속한 아이들의 영혼을 양육하기 위해 교회가 도움을 주는 방법의 변화를 진지하게 고려할 필요가 있다고 봅니다. 저는 대형 교회에서 맡은 어린이 사역자의 자리를 그만두었는데, 그 이유는 교회가 커서 제가 생각하는 아동 프로그램을 진행하는 것이 불가능했기 때문이었습니다. 저는 잠시 다른 어떤 일을 할 필요가 있었던 것입니다. 그래서 저는 기독교 출판업계에서 사역을 했습니다. 미국 전역에서 열리는 기독교 협의회와 총회에 참석하여 강연했습니다. 한 모임에서 포스트모더니즘(포스트모더니즘이란 '현대/근대 후기'의 사조를 의미하는 단어다-역주)에 관한 긍정적인 불평의 소리들을 들었습니다. 바로 이 협의회에서 저는 처음으로 세계를 지금까지와는 다른 방식으로 이해하는 데서 나타나는 거대한 문화 변혁에 대해 교회가 대응하는 문제를 놓고 진지하게 고민하는 사람들의 날카로운 의견을 들었던 것입니다.

    저의 지적 호기심이 발동했고 포스트모더니즘 공부에 몰두했습니다. 저는 포스트모더니즘에 관한 책과 인터넷을 통해서 찾을 수 있는 모든 것을 읽었습니다. 읽으면 읽을수록 포스트모더니즘이 교회의 내적으로 폐기되어야 할 대상이 아니라 오히려 사고와 존재에 대해 새로운 방식으로 교회를 인도할 수 있는 어떤 것이라는 사실을 확신하게 되었습니다. 이러한 새로운 생각과 세계관에 대한 반응이 교회를 문화적 적절성이라는 새로운 자리로 이끌어 갈 것이라고 생각합니다. 저는 교회가 포스트모더니즘을 제대로 파악하지 못하고, 이러한 문화에 의해 형성된 사람들을 파악하지 못한다면, 심각한 어려움에 빠져들 것이라고 확신합니다.

바로 이 시기에 저는 지역 교회의 사역으로 다시 돌아가기로 결심했습니다. 제가 담당한 일은 도시 외곽 지역에 있는 대형 교회에서 아이들을 대상으로 사역하는 것이었습니다. 놀랍게도 제가 일할 교회는 문화와 변화라는 이 문제를 진지하게 생각하는 교회였습니다. 제 주변의 새 친구들과 옛 친구들이 이미 내가 고민하고 있는 그 문제에 대해 똑같이 논의를 하고 있었다는 사실도 알게 되었습니다. 이렇게 되자 저는 머릿속에서 맴돌던 모든 내용을 실제적으로 생각할 수 있었습니다. 21세기에 새롭게 나타나고 있는 문화적 요구를 충족시켜 주기 위해서 교회의 어린이 사역이 어떤 방식으로 바뀌어야 하는가? 신앙 공동체가 공동체에 속한 가족들과 아이들을 영적으로 양육할 책임을 진지하게 고민한다는 것은 무슨 뜻일까?

이 책은 저의 생각, 독서, 또 이런 문제들에 대해 나와 같은 생각을 가진 사람들과의 대화의 결과이기도 하고, 제가 속한 교회 회중과 다른 교회 회중들에게 행했던 몇 가지 종류의 실험의 결과이기도 합니다. 이제는 이 주제를 좀 더 많은 청중들에게 알릴 때가 되었습니다.

새로운 모습으로 변화하는 우리의 문화 속에서 어린이들의 신앙 형성을 돕는 것이 이 책의 중심 주제입니다. 이 책은 이 새로운 문화가 어떤 모습으로 나타나고 있는지, 또 이것이 지금 성인이 되는 과정을 겪는 세대에게 어떻게 보이는지를 알아보려는 노력이기도 합니다. 이 책은 또한 교회에서 어린이들과 어린이들을 위한 프로그램을 관찰하는 방법에 관련된 사람들을 위한 책이기도 합니다. 다음 페이지에서 저는 포스트모더니즘을 다루면서, 그것이 어떻게 우리의 문화를 만들어 가는지, 또 우리가 예수님에게 인도하려는 사람들에게 어떤 영향을 주는지 살펴볼 것입니다.

어린이 사역에 관심이 있는 사람들은 사색가이기보다는 실천가들이기에 이 책이 제공하는 내용들은 어린이 사역에 관해서 구체적으로 생각하고 이것을 실행하는 건설적이고도 생생하게 살아 있는 방법들의 구체적 사례들입니다. 이렇게 변화하는 문화와 새로운 세대에 알맞은 신앙 형성이 필요하다는 사실을 알리기 위해서, 또 아이들이 복음의 길을 따르도록 이끌 새롭고, 활기차고, 효과적인 방법을 꿈꾸고 소망하면서 다른 신앙 공동체들이 어떤 것을 하고 있는지를 당신에게 보여 줄 것입니다.

(교회의) 정기 총회 회기 모임에서 저는 어린이 사역에 관해서 강연을 했습니다. 어린이 사역의 현 상태에 대한 것과 우리 아이들의 영혼을 사랑하고 성숙하도록 하기 위해서는 창조적이고 사려 깊은 패러다임의 변화가 필요하다는 내용이었습니다. 덧붙여 꼭 말하고 싶은 더 많은 내용은 이 책에 실었습니다. 강연의 내용을 간추리면 다음과 같습니다:

교회의 어린이 사역은 파괴되었다. 제대로 된 시각 없이는 이 파괴된 부분들을 발견하지 못한다. 외부에서 본다면 어린이 사역이 어느 때보다도 더욱 건전해진 것처럼 보인다. 하지만 사실은 파괴되어 있다. 언제부터 파괴되었는가 하면 교회 지도자들과 부교역자들이 어린이 사역을 단지 마케팅의 도구로 생각했을 때부터다. 외적으로 가장 매력적인 프로그램이 있는 교회들이 아이들을 불러들일 수 있고, 아이들을 불러들이면 아이들의 부모도 얻게 된다는 것이다. 또한 어린이 사역이 파괴된 것은 성경이 마치 도덕적 교훈이 들어 있는 우화집이거나 위대한 영웅들의 이야기들 중 하나인 것처럼 가르치면서부터다. 우리가 하나님을 하찮게 대하는 것을 아이들에게 보여 주면서부터 무엇인가가 파괴되었다. 우리가 공동체 활동에서 가장 중요한 활동, 즉 예배에서 아이들을 제외시키면서부터 어린이 사역이 망가졌다. 이렇게 망가지게 된 것은 아이들의 신앙 형성이 대부분 정서적이고, 활동적이고, 직관적이라는 사실을 우리 어른들이 잊어버리고 18세기 학교 모델에 의존하였기 때문이다. 또 어린이 사역은 우리 어린이들을 우리의 가족과 공동체에게로 안내하지 않고 하나님에게로 안내하기 위하여 프로그램과 커리큘럼을 의존할 때 파괴되었다. 어린이 사역이 파괴된 것은 우리 어른들이 교회란 아이들에게 매력적인 것보다 더한 어떤 곳이어야 한다고 생각하면서부터다. 어린이 사역은 또한 많은 돈을 쏟아 부어 교회를 놀이터로 만들고 먹을 것을 준다고 아이들을 꾀어 볼 수레 뒤에서 세례를 받도록 하면서부터 파괴되었다. 그리고 어린이 사역이 파괴된 가장 중요한 이유는 부모보다 교회의 프로그램이 아이들의 신앙을 성숙하게 하는 데 더 효과적이라고 부모들에게 말하면서부터다. 이렇게 말함으로 우리는 사실 부모들을 속였고, 부모들이 자녀의 신앙 형성에 대해 책임을 포기하도록 만들어 버렸다. 교회의 프로그램이 아이들에게 신앙을 갖게 하는 것이 아니라 여러 대가 함께 살아가는 신앙의 공동체 안에서 신앙이 생긴다. 어린이들의 교육은 깨어졌고 수선을 해야 할 정도로 심하게 망가졌다. 이제 새로운 방법, 새로운 미래를 생각해 보자.

목차

역자 서문 | 5
안내 글 | 7

제1장   밀레니엄 시대 어린이와 그 너머 _ 17
제2장   믿음의 첫걸음 _ 55
제3장   믿음을 생활화 하기 _ 77
제4장   교회 공동체의 역할 _ 99
제5장   공동체에서 어린이 _ 113
제6장   가족 요인 _ 143
제7장   성경은 아이들을 위한 것이기도 하다 _ 173
제8장   예배에서 어린이 _ 199
제9장   포스트모던 신앙의 형성 _ 229

제1장
밀레니엄 시대 어린이와 그 너머

CHAPTER

01

그 길은 포스트모던의 감정을 받아들이고 이해하는 길이지, 그것을 거부하고 맞서 싸우는 것은 아니다. 그것은 새로운 길과 과거의 길 사이에 서 있는 우리의 어린이들이 믿음과 기독교인에 관해 토론할 때 창조적이고 새롭게 생각하도록 돕는 길이다.

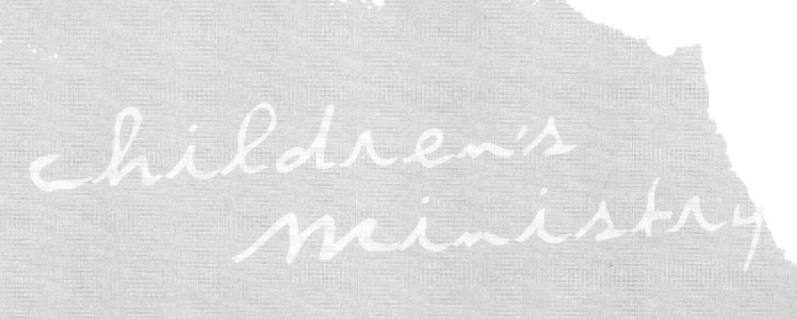

밀레니엄 시대
어린이와 그 너머

　　몇 년 전 어느 날 아침 나는 내가 교육 담당 사역자로 일하고 있던 교회의 선교 담당 목사와 짧지만 의미 있는 대화를 나눴다. 우리는 사람들이 진리라는 개념을 어떻게 이해하는지 토론했다. 이분은 복음의 목적이 예수님의 복음이 진리라는 사실을 사람들에게 확신시키는 것이라고 강조했다. 그런데 그는 확신시키는 때가 언제인가 하면, 확신시키고자 하는 우리의 노력이 응답되었을 때라고 하면서 이렇게 말했다. "그래, 맞아요. 그래서 어쨌다는 거요?"(so what?).

　　그의 말은 내 관심을 끌었고, 몇 년이 지나도 내 머릿속에서 사라지지 않았다. 서구문화가, 그리고 북아메리카 교회가 말하기를 바라는 것들이, 이 "그래서 어쨌다는 거요?"라는 시대에 속해 있다고 생각한다. 이렇게 ('그래서 어쨌다는 거요?'라고 말하는 문화로) 변화되면서 교회의 복음 전도와 제자도 사역 안으로 수많은 새로운 도전이 밀려들어 왔고, 이것은 상대주의와의 싸움, 복음 선포에서 새로운 패러다임의 추구, 성경 이해에 대한 사고의 전환 같은 것으로 나타났다.

어린이들과 가족을 대상으로 하는 사역에서 경력을 쌓은 우리 같은 사람들 중 많은 사람들이 지난 25여 년 동안 큰 성과와 업적을 이루었다. 우리는 전문가들이 되었다. 우리는 기독교 교육과 종교 분야에서 학위를 받았다. 우리는 어린이와 가족을 대상으로 한 사역을 특수한 분야로 인정하는 것이 중요하다고 강하게 인식하고 있다. 우리는 수백만 달러짜리 커리큘럼과 자료의 출판 산업이 급격히 발전하는 데 일익을 담당했다. 또한 우리는 신학교와 기독교 대학들이 마지못해서이기는 하지만, 우리가 하는 일이 적법한 교육 분과라는 사실과 이 일이 어른들이 하나님과 실질적 업무에 골몰해 있는 동안 어린이들을 위하여 교회 지하실에서 오리고 붙이는 놀이를 제공해 주는 것 이상의 것을 포함한다는 사실에 동의하도록 하는 데에 기여했다. 우리가 이 일을 더 잘할 수 있도록 도운 웹 사이트와 또 비영리단체들이 성장하고 있고, 점점 더 많은 자료들을 제공하고 있다. 어린이 사역은 자체적으로 국내 협의회들을 가지고 있으며, 고유한 명성도 얻고 있다. 초대형 교회들은 어린이 사역에서 성공 비결을 전해 주려고 대형 행사를 한다. 나는 어린이 사역에 관해 무엇인가를 깨닫는 특권을 나에게 주었던 그 어린이들과 가족들에게 일어났던 모든 일들 가운데서 하나님께서 친히 일하시는 것을 직접 목도했다고 확신한다. 어린이 사역은 '복음의 빛' 출판사를 세운 헨리타 메어스(Henrietta Mears)가 자신의 차고에서 주일 학교 커리큘럼을 등사 인쇄를 해 온 이래 오랜 세월이 흘렀다. 이제 우리는 그늘에서 빠져나왔고 교회 사역의 주목의 대상이 되었다.

하지만 이 노선으로 계속 나간다면 오늘날의 세대와 다가오는 세대가 필요로 하는 것을 충족시키지 못할 것이다. 다음 50년 동안에 우리의 교회로 새로 올 어린이들과 가족들의 신앙 형성에 있어서 어떤 효과가 일어나기를 바란다면 어린이 사역은 우리가 알고 있는 방식으로 계속 진행되어서는 안 된다. 우리에게는 새로운 패러다임으로 생각하는 것이 필요하고, 새로운 방식으로 시행하는 것이 필요하고, 또한 그것이 옳은 것인지 분별하는 것이 필요하다. 그렇게 하지 않는다면 우리는 변화하는 문화 속에서 살고 있는 가족들과 아무런 연관성이 없게 되었다는 사실을 곧 깨닫게 될 것이다. 우리는 20세기 말에 너무나 빛나고 멈출 수 없이 보였던 모든 분야에 일어났던 내용을 이해하는 데 혼동을 느낀다.

우리 주변에서 소용돌이치는 무시무시한 문화적 변혁을 이해하게 되면서 나는 어린이 사역의 수정 역시 필요하다는 사실을 깨달았다. 나는 중서부의 유명한 신학교 출신의 한 신약학 교수가 기독교 교육 사역 교수들과 교사들에게 하는 강의를 들은 적이 있다. 강의 주제는 포스트모더니즘과 이에 대한 교회의 반응이었다. 그날 그가 했던 강의 내용 중 두 가지를 기억하고 있다. 첫 번째로 포스트모던 세계관을 지닌 사람들은 절대적 진리가 있다는 사실을 믿지 않는다는 것이었다. 이 말을 듣자마자 나는 수년전에 선교 담당 목사와 나눴던 대화가 생각났다. 나는 절대적 진리를 믿는 믿음이 기독교의 많은 부분에 무척 중요한 기초이기 때문에 포스트모더니즘이 절대적 진리라는 이념을 거부한다면 교회가 아주 심각한 문제에 봉착할 수도 있다는 사실을 깨달았다. 즉 우리는 "그래서요?"라는 질문에 대답할 방법을 찾아야 할 것이다.

그 강의에서 들은 두 번째 내용은 그 교수가 시카고(Chicago) 시내에서 경영진 중역을 대상으로 주간 성경 공부를 인도하고 있다는 것이었다. 그런데 그는 사람들에게 진리를 확신시키려는 목적으로 어떤 공식이나 논거로 무장하고 수업에 들어갔던 일이 결코 없었다고 말했다. 그보다는 참석자들과 단순히 하나님의 말씀을 서로 나누고 토론하도록 인도했다고 말했다. 그는 사람들에게 하나님을 소개했고, 그들이 스스로 결정하도록 했다. 나는 그가 무엇인가를 하고 있었다고 믿을 수밖에 없었다. 그는 사람들을 믿음으로 인도하는 길을 제시했지만 틀에 박힌 교수 방법론을 사용하지 않았다. 이런 생각이 내 마음을 때렸고, 그날

품었던 생각이 오늘날 내가 서 있는 이 길로 나를 이끌었다.

근/현대(Modern)

지난 몇 년 동안 대학과 신학 주변에는 포스트모던(postmodern)이라는 단어가 떠돌고 있다(이 단어는 다른 많은 학문 분과-예술, 문학, 건축-에서도 역시 사용하지만 상황에 따라 전혀 다른 의미다). 현재 이 단어는 대중적인 일상어의 일부분이 되었지만 대부분은 그것이 무엇을 뜻하는지는 제대로 이해하지 못한다. 나는 철학자도 아니고 이 단어 속에 숨어 있는 추상적 사상에 관한 철학자적 이해도 없지만, 그러나 아마추어로서 내가 그것을 어떻게 이해하게 되었는지는 말할 수 있다.

그 어떤 것이 포스트모던(탈근대 혹은 현대 후기적)이 될 수 있는지를 이해하기 위해서 먼저 어떤 것이 모던(근/현대적)일 수 있느냐를 이해해야 한다. 당신이 대학이나 대학원에서 공부했던 유럽 역사 수업이나 철학 수업을 회상해 보라. 당신이 공부한 내용은 주후 1700년대에 일어났던 계몽 운동과 이성의 시대라고 불릴 가능성이 가장 크다. 이 시대를 보통 현대(modern era)의 시작으로 생각한다(포스트모더니즘에 대해서 교회가 거부감을 갖고 있는 것을 생각할 때 나의 모교인 기독교 대학이 계몽주의 과목을 개설하는 데에 아무런 주저가 없었던 점은 아이러니하다). 여러분을 가르친 교수들 역시 어떻게 중세의 미신적·신비적·종교적 사상의 반동으로 현대의 철학이 이루어졌는지 설명했을 것이다.

　계몽주의 시대의 남자와 여자들(대부분 남자였지만)은 자기들의 세계에 어느 정도 지배력을 행사할 수 있고 그 일부분을 정복할 수 있다는 사실을 발견했다. 인간의 삶이, 모든 사람의 통제권 밖에 있는 제멋대로인 환경 속에서 어쩌다 얻어지는 단순한 행운의 여로가 아니었다는 사실도 깨달았다. 주어진 일을 인간들보다 더 잘해낼 수 있는 기계들이 발명되었다. 그리고 사람들은 문제들을 논하고 해결할 수 있는 인간의 재능이 외부 세계를 관리하고 지배하기에 유용한 도구였다는 사실도 깨닫고 있었다. 아마도 철학자들은 인간이 자신의 운명을 지배할 수 있을 것이라고 생각했던 것 같다. 더 나은 세상을 만들기 위해서 인간에게 필요한 것은 단지 한 가지, 즉 생각하는 방식과 인간이 가진 내적인 재능과 기술들을 더 효과적으로 사용할 방식을 배워서 익힌 남녀인간들이었다. 세상의 신비를 인간이 들추어 낼 수 있었다면 모든 것을 아시고 모든 것을 보시는 하나님을 믿을 필요가 없었을 것이다.

　철학자들은 인류가 자신들 안에 있는 실체의 절대적 진리를 찾을 수 있을 거라고 믿었고, 인간들이 심사숙고하고 그것에 대해 충분히 노력을 했다면 세상의 그 어떤 문제들도 해결할 수 있었고, 결국에는 세상과 자신들을 완전하게 만들었을 것이라고 생각했다. 이성의 시대에 살았던 많은 사상가들에게 성경의 하나님은 거의 필요가 없었다.

현대인들은 절대적 진리를 믿고 있으며, 이 모든 진리는 객관적이라고 생각한다. 이들은 모든 것에 대한 최종적 단어, 즉 객관적 실재에 대한 이해는, 어딘가에 있을 것이고, 인간이 가진 이성의 재능을 통해서 그것을 발견해 낼 수 있다고 믿는다. 이러한 객관적이고 절대적인 진리는 일시적인 생각에 종속되거나 혹은 왕, 통치자, 성직자 또는 문화의 인식에 종속되지 않는다. 만일 하나의 주장이 정확하게 그리고 객관적으로 독립적이고 외적인 세계를 나타낸다면 그 주장은 진리다. 모든 인간은 이 모든 지식에 접근할 수 있다. 우리 인간이 마음을 제대로 집중하고 그 문제나 상황을 분석하기만 한다면 인류가 알 수 없는 것은 하나도 없다. 결국에는 인간이 행하거나 이해하지 못할 것은 아무것도 없다는 것이다. 현대의 사고는 인간의 합리적 능력에 대해 절대적인 믿음이 있다.

현대성, 즉 현대적인 것은 과학적이다. 객관성을 가진 것처럼 보이는 가설 및 이론들을 신봉하는 과학들 그리고 진리에 대한 실험과 평가에 대한 능력이 절대적 지식과 진리에 도달하는 가장 좋은 길의 하나로 떠올랐다. 현대 사상은 분석을 소중히 여긴다. 만일 우리가 하나의 문제를 모든 각도에서 바라보고 원인과 결과를 해석하는 두뇌 능력을 모두 사용할 수 있다면 결국에는 우리가 하나의 해결책을 찾아낼 수 있을 것이다. 그렇다면 사고에서 가장 좋은 방법은 논리적으로, 직선적으로, 분석적으로, 이지적으로 하는 것이다. 세계는 더 좋은 어떤 것을 향하여 직선적으로 발전해 가는 중이라고 생각하기 때문에 현대인들은 미래에 관해서 지극히 능동적이고 낙관적이다.

덧붙여 말하자면, 현대적 사고는 그룹과 공동체의 삶보다도 개인의 활동과 안녕을 강조한다. 남자와 여자가 자기들이 스스로 이룬 일에서 서로 독립적이다. 개개인 각자가 스스로 책임을 지고 자신만의 결정을 내리고 실수할 권리를 갖는다. 더 큰 공동체의 필요나 능력보다는 자신을 계발한다거나 스스로 어떤 것을 만드는 일이 더 중요하다. 그러므로 현대성(현대적 정신 혹은 성격)은 사물들이 존재하는 방식의 절대적 진리를 파악하고 이해하는 개인을 크게 신뢰한다. 일단 이러한 진리가 논리적이고 분석적인 방식으로 개인의 삶과 사회적 문제에 적용되기만 한다면 세상은 완전을 향한 길을 가게 될 것이다. 우리는 더 나은 삶과 더 나은 세상을 향한 길을 생각할 수 있다.

지난 300년이 넘는 동안 이러한 근/현대식 사고는 우리의 문화-특히 서구 문화-에 너무나 완벽하게 스며들었고, 그리하여 극소수의 사람만이 그것이 반드시 세상을 이해하는 단 하나의 유일한 방식이 아니라고 생각해 왔다. 각 세대가 이러한 사고의 형식에 의하여 형성된 것처럼, 교회를 포함하여 이 시대의 조직들도 역시 그러하다. 그러므로 현대 교회는 일정 부분 이들과 동일한 생각을 갖고 있다. 즉 우리는 확고한 논증과 영적인 진리, 개인적 믿음 행위에 기반을 둔 주장으로 우리의 믿음을 방어해야 한다는 신념과, 또 확실한 믿음은 절대적이고 흔들릴 수 없는 진리의 기초 위에 세워진 것이라는 생각을 한다는 것이다.

근/현대 이후(=포스트모던) 시대

포스트모던의 문자 그대로의 의미는 '근/현대 이후' 라는 뜻이다. 포스트모던 시대로 옮겨갔다는 말은 근/현대 시기는 지나갔고 우리가 총체적으로 새로운 패러다임, 전혀 다른 세계관으로 옮겨갔음을 뜻한다.

하지만 이런 종류의 문화적 변화는 절대로 쉽거나 빠르게 이루어지지 않는다. 세계가 중세 시대에서 이성의 시대로 넘어가고 있었을 때 모든 사람이 동일한 시간대에 있지 않았다. 사람들은 1700년 1월 1일에 잠에서 깨어나서 달력을 보면서 "오, 이런! 이것 좀 봐! 우리가 근대로 넘어갔어!"라고 말하지 않았다. 문화적 변화는 떠들썩하고 의미심장한 것이면서도 점진적이었다.

그리고 지금 우리는 바로 그 자리에 서 있다. 포스트모던 쪽으로 천천히 기울고 있기는 하지만 여전히 근/현대적 세계관을 고수하는 사람들이 다수인 세계에 우리들이 서 있다. 이런 것은 갈등으로 이끌어 가고 있으며 또한 최소한 포스트모더니즘에 대한 하나의 통속적 오해로 이끈다. 많은 연설가들과 작가들은 포스트모던이라는 단어와 X 세대 혹은 밀레니엄 세대처럼 새롭게 대체되는 세대의 특징을 나타내는 별명을 사용하는 것을 좋아한다. 그들은 포스트모던적 세계관을 이미 성숙해서 안정기에 접어든 삶의 무대로 취급한다.

30세 이하의 사람들에게 포스트모던적 방식으로 생각하는 경향이 있는 게 사실이라고 하더라도 포스트모던이라는 안경으로 세계를 보는 시각은 삶의 단계 분석의 탓으로만 되어질 수 없다. 연구 조사에 의하면 베이비 붐 세대(세계 대전이 끝난 후에 갑자기 출산이 늘어난 시대에 태어난 세대-역주)의 약 30%, X 세대의 약 50% 그리고 밀레니엄 세대의 60% 정도가 포스트모던적인 감각을 가졌다. 그런데 사실 내가 분명히 베이비 붐 세대에 속한 사람인 것이 확실하지만 전체 삶에서 나는 포스트모던적 감각을 지니고 살았다. 그저 이런 감각을 지닌 사람들을 뭐라고 불러야 하는지 알지 못했을 뿐이다. 나는 베이비 붐 세대의 대부분의 사람들과 내 전체 삶이 일치한다고 느껴본 적이 거의 없다. 그리고 이제 나는 그 이유를 알고 있다.

그러나 잠시 수치들로 다시 돌아가 보자. 나는 이것이 본질적으로 한 세대의 현안 문제는 아니라고 확신하기 때문에 포스트모던 세계관을 지향하는 경향을 가장 강하게 가진 사람들이 현재 밀레니엄 세대나 Y 세대라고 이름 붙여진 사람들이라는 사실은 눈여겨볼 가치가 있다. 이들이 오늘날 교회에서 우리가 만나는 어린이들이다. 밀레니엄 세대는 1980년 혹은 1982년에서 2001년 사이에 태어난 어린이들이라고 주장되어 왔다(사회과학은 정확한 과학적 근거가 있는 것으로 주장하지 않는다). 몇몇 전문가들은 밀레니엄 세대가 2001년 9월 11일에 끝났다고 생각한다.

그렇다면 매주 일요일 아침마다 당신의 유치부실에 앉아 있는 곱슬머리를 한 귀여운 어린이들이 곧 포스트모던의 선두 그룹이다! 당신이 포스트모던 사고방식에 동의하든 안 하든 당신이 이 어린이들을 위해 사역을 하려면 그들의 세계관을 이해하는 것이 필요하다.

우리 세계의 새로운 문화적 지적 패러다임은 인간이 정보를 조합하는 방식과 외부 세계를 보는 방식의 근본적인 변화를 의미한다. 우리는 이전의 모든 확신들이 와해되는 세계를 보고 있다. 현대인들이 두려워하는 것은 당연하다. 하나의 국가로서 우리의 안전장치로부터 삶이 창출되는 방식에 이르기까지 인간이 절대적 진리로 매달려온 모든 것이 도전을 받고 있고 또한 의문시되고 있다. 그런데 그 일이 바로 지금 여기에서 일어나고 있다. 교회는 그것을 이해해야만 한다. 그리고 교회는 그것을 다루어야만 한다.

근/현대인들이 식별하고 아는 절대적 진리와 객관적 실체가 있다고 믿는 것처럼 포스트모던 사람들은 무엇보다 중요한 진리나 인간 존재의 모든 것을 설명하고 떠받쳐 주는 궁극적 이상은 없다고 믿는다. 포스트모던 사람들은 사실과 진리가 언제나 주관적이라고 믿는다. 한 명이 가지는 현실이나 진실은 하나의 관점과 삶의 경험에서 자라난다고 믿는다. 그것은 외부로부터 강요된 것이 아니다. 그러므로 세상에 관해서 모든 것을 설명하는 변형 이야기 혹은 하나의 장황한 이야기에 대한 근대적 사상은 불신과 마주치게 된다. 『진리는 생각보다 낯설다』(Truth Is Stranger Than It Used to Be)의 저자인 리처드 미들톤(J. Richard Middleton)과 브라이언 왈쉬(Brian J. Walsh)는 이것을 다음과 같이 설명한다:

> 그런데 만일 메타내러티브(metanarrative: 언어로 표현되는 것 이상의 어떤 것-역주)가 사회를 구성하는 기본 구조라면, 그래서 추상적인 윤리 체계 같은 것이 사회의 구조라면 이런 구조들은 보편성이라는 외형으로 치장한 특별한 도덕적 시각일 뿐일 것이다. 그리고 사람이 이것들을 구성하는 고유의 특질을 깨닫지 못한 채 보편성을 주장하는 어리석음을 범한다면 메타내러티브는 자신과 동일한 것과 같은 종류의 것에만 특권을 부여하게 되고, 다른 것들, 이질적인 것, 타자와 개방성에는 폐쇄적이 될 수밖에 없다. 이렇게 되면 모든 종류의 사건과 사람들은 말로 이야기되는 방식과는 동떨어진 존재로 머물게 되고 마는 결과를 초래한다. 메타내러티브는 모든 사람의 시도와 실재를 다 담아낼 수 있을 만큼 충분히 크거나 열려 있지 못하다는 것은 분명하다.[1]

그렇다. 당연히 맞는 말이다. 이것에 관해 잠시 이야기해

---

[1] Middleton, J. Richard and Brain J. Walsh, Truth Is Stranger Than it Used to Be, InterVarsity Press, 1995, 71.

보자. 진리나 삶의 의미를 설명하려는 노력이 될 만한 대단한 이야기들은 모두 어딘가에서 일어났던 일이다. 그 '어딘가'는 다른 인간들을 의미한다. 모든 인간은 어떤 종류의 장소, 나라, 사회 혹은 종족 안에서 살아간다. 모든 인간은 주관적인 상황 속에서 살아간다. 그 누구도 자신의 현실 밖에 있을 수는 없다. 그러므로 어떤 대단한 이야기라도 객관적이라고 주장할 수가 없는 이유는 그 이야기가 만들어진 곳의 선입관과 믿음, 문화 그리고 상황의 색깔이 입혀질 수밖에 없기 때문이다(흥미롭게도 선교사들은 이 몇 년 동안 이를 이해해 왔다). 그래서 포스트모던 사람들은 한 사람의 믿음과 이야기들이 지역적이라는 사실을 인정한다. 그들은 특정한 공동체와 부족에게 있어서 진리가 무엇인지를 주장한다. 어느 집단의 진리가 다른 집단에게는 불필요한 진리다. 어떤 포스트모던 사람들은 이런 대단한 이야기들이 개별적 실상에 관한 설명으로 유익하다는 사실을 인정하지만 다른 부류의 사람들은 그 이야기들이 배타적이고 폐쇄적인 체계로 보인다는 이유로 비난한다. 하지만 이 이야기들이 객관적인 진리로 간주될 수는 절대로 없다.

그런데 이렇게 메타내러티브라는 보편적 진리에 대한 거부는 그리스도인들에게 문제를 제기하는데 왜냐하면 그리스도인들은 자기들이 유일한 참된 메타내러티브로서 성경을 갖고 있다고 믿기 때문이다. 창조를 위한 하나님의 계획에 관한 이야기는 모든 삶, 실상 그리고 진리를 설명해 준다고 생각되었다.

하지만 절대적 진리라고 믿지 않는 사람들에게 그 절대적 진리를 가지고 위협하는 것은 별로 좋지 않다.

그러므로 우리는 성경을 바라보는 새로운 방식, 성경에 대해 설명하는 새로운 방식, 성경의 내용을 가르치기 위한 새로운 방식을 찾아내야 한다. 솔직히 말해서 이 책이 말하고자 하는 바가 바로 이것이다. 이 현안 문제를 다음 장에서 더 구체적으로 다루기로 하고 지금은 성경의 주제를 메타내러티브라고 하는 내 친구의 말을 인용하겠다: "나는 성경이 최고의 메타내러티브라고 생각하고 싶어."

절대 진리 체계는 없다는 이 믿음은 사상이나 견해를 측정하고 판단하고 가치를 평가할 보편적 기준이 없다는 포스트모던 사상으로 옮겨간다. 내가 믿고 있는 것이 좋다거나, 아름답다거나 도덕적이거나, 또는 정상적이라거나 하는 것은 처해 있는 환경이나 상황, 문화에 의해 정해진다. 다른 환경은 다른 기준을 가질 것이고, 이것은 내가 붙들고 있는 기준과 동일한 가치를 가질 것이다. 우리 문화에서 이런 현상이 얼마나 일상적인지 아래의 두 개의 예를 살펴보자.

몇 년 전에 VH-1 케이블 네트워크는 더 리스트(The List)라는 쇼를 방송했다. 쇼는 유명인 사회자를 중심으로 네 명의 유명인 초대 손님으로 구성되었다. 쇼의 주제는 초대 손님들이 '시대를 뛰어넘는 최고의 사랑의 노래'라든가 '1970년대 최고의 여성 그룹'이라는 카테고리에서 최고의 노래와 뮤지컬 그룹을 정하는 것이었다. 초대 손님들이 각각 카테고리에 맞는 음악이나 그룹을 세 개씩을 골랐다. 선택이 공개된 후, 초대 손님들에게 선택한 것들 중에서 한 개를 목록에서 지우도록 했다. 그리고는 방청객들이 남은 목록에서 최고의 것 세 개를 투표해서, 카테고리에서의 최고를 결정하도록 했다.

오늘날에는 '최고의' 리스트나 'Top 10' 리스트 같은 것이 새로운 것이 아니지만 과거에는 최고를 결정하기 위해 음반 판매량이나 음악 방송 출현 횟수, 수상 경력 혹은 콘서트 총계 같은 수치적 기준을 사용했다. 하지만 VH-1의 더 리스트 프로에서는 오직 개인적 느낌, 취향 그리고 초대 손님과 방청객의 선호만을 기준으로 사용했다. 승자를 정하기 위해 주관적인 기준들을 사용하는 것은 아무도 생각하지 못했던 것이었다. 이것이 포스트모던 사고다.

2000년, 미국에서 최초의 포스트모더니즘 대통령 선거가 있었다. 시민 수업과 역사 수업에서 미국 선거일에 투표하러 가는 것과 개표하는 것을 가르쳤다. 그리고 후보자 중 한 명이 다른 사람보다 표를 더 많이 얻으면 선거에서 승리하는 것이라고 가르쳤다. 표를 세는 것보다 더 객관적인 기준이 있을 수 있는가? 하지만 2000년 11월 7일 우리는 그 시스템이 망가져버린 세상에서 잠이 깨었고, 확실한 승자를 가릴 수 없었다. 그렇게 됨으로 더 많은 표를 얻은 후보자가 이기지 못했다. 우리는 한 명에만 의존하는 것도 있지만 표를 세고 투표를 하는 데 다른 방법이 있다는 것을 알게 되었다. 미국인들은 돈, 시간, 에너지 그리고 지적인 힘이 선거법과 투표 절차에 투입됐음에도 불구하고 틀에 매어 있는, 통계적으로 말하는 대통령 선거의 우승자를 결정하기 위한 객관적인 기준은 없다는 것을 깨달았다.

진리밖에 없다

객관적인 표준이나 절대적인 것을 믿지 않게 된 것은 상대주의 형태와 관용하는 사랑으로 옮겨간다. 포스트모던 사람들은 어떤 식으로든 우리가 다른 사람의 행동, 시각, 믿음 혹은 의견을 판단할 권리가 없다고 말한다. 왜냐하면 우리 자신과 우리의 집단 밖에도 무엇이 옳고 그른지 말해 줄 만한 기준이 없기 때문이라는 것이다. 측정의 기준은 단순히 특정한 그룹이 가진 관념과 시각에서 만들어진 인간의 고안물인 것이다.

근/현대인들은 모든 지식은 좋은 것이고 인간에게 더 좋은 어떤 것으로 진보하도록 한다고 믿는다. 만약 우리가 이성을 역량의 최고 수준까지 사용한다면 그 어떤 문제도 풀 수 있을 것이고 세계를 더 좋게 만들 수 있을 것이다. 인간 이성이 결국에는 풀어 낼 수 없는 것이 아무것도 없기 때문이다. 하지만 포스트모던 사람들은 모든 지식은 좋은 것이라는 입장에 동의하지 않을 뿐더러 미래에 대해 낙관적이지도 않다. 세상의 미래를 바라보면서 어떤 것이 더 좋아질 것이라고 생각하지도 않는다. 그들은 인종주의, 빈곤, 범죄, 성 차별주의 그리고 도덕성 문제들이 계속될 거라고 생각한다. 이 문제들을 해결하기 위한 인간 이성의 능력에 대해 회의적이다. 그리고 인간의 이성이 핵과 생태학적 기술들로 이 세상에서 만든 참혹한 대재앙을 주시한다.

포스트모던은 이성이 지식이나 진실을 찾기 위한 유일한 방법이 아니라고 생각한다. 감정, 직관 그리고 다른 덜 이성적인 방법도 역시 타당한 방법이다. 내가 대학과 대학원에 다닐 때 어떤 신학교 목사가 소책자 형식으로 된 복음 전파의 도구를 판매했다. 그 아이디어는 구원의 계획을 개괄적으로 서술한 그 소책자를 통해서 '복음 전도자' 가 '개종 가능한 사람들' 을 지도하려는 목적이었다.

현재 이러한 복음적 접근에 대해 많은 의견들이 있고, 이 방식의 접근은 포스트모던적 시각과 별로 잘 어울리지 않지만 나는 특별히 그중 하나에 초점을 맞추고 싶다. 소책자의 끝부분에는 기차 그림이 나오는데 기차를 움직이도록 하는 엔진인 기관차는 사실 혹은 진리를 나타낸다. 진리라는 기관차는 믿음을 나타내는 객차를 끈다. 믿음이라는 객차 뒤에는 감정이라는 승무원 칸이 뒤따른다. 이 그림은 믿음의 과정을 상징화해서 보여준다. 한때 당신이 이성적인 진리라고 알고 있었던(하나님은 당신을 사랑하신다, 당신은 죄인이다, 예수님은 당신을 위해 돌아가셨다, 등등) 것들은 당신이 하나님에 대한 믿음을 갖도록, 예수님을 당신의 구세주로 받아들이도록 이끌 것이다. 기독교인이 되기 위해서는 누구라도 이 사실을 믿어야만 한다. 승무원 칸에 감정을 할당하는 것은 우리가 자신의 감정을 믿을 수 없다는 것과 감정적 연결을 통해서는 하나님을 알 수 없다는 것을 알려 주는 경고다. 포스트모던 세계관을 지닌 사람은 이것이 우스꽝스러운 가정이라고 말할 것이다. 포스트모던 사람들은 감정, 직관, 신비 그리고 또 다른 효과적인 이해 수단도 역시 이성과 마찬가지로 신뢰할 만한 것이라고 여긴다.

언젠가 나는 유명한 영화 비평가가 청중들에게 할리우드 마인드에 대해 비평한 것을 들은 적이 있는데, <u>그는 20세기 후반에 만들어진 많은 영화가 보여 주는 도덕은 어떤 사람이든 항상 자신의 생각만을 따르는 것이 당연한 것이었다고 우려를 표명했다. 이런 영화들은 우리의 마음이 우리의 선택을 지도해 줄 것이고, 그래서 우리는 그 결과에 대해서는 염려할 필요가 없음을 말하고 있다고 그는 말했다.</u> 이 비평은 인간의 이성과 행동의 객관적 기준이라는 개념에는 잘 어울리지만 개인적 진리의 개념, 감정을 신뢰하는 생각 같은 것들과는 별로 어울리지 않는다. 그의 주장은 모던과 포스트모던 생각 사이에서 나타나는 갈등의 단면들 중 한 면을 보여 준다.

일정한 사고의 선(line)

포스트모더니즘에 대한 인기 있는 비평들 중 하나는 그것이 논리적이지 못하다는 것이다. 절대적 진리가 없다고 말하는 것은, 비평가들이 보기에, 하나의 절대적 진리를 말하는 것이다. 포스트모던주의자는 이렇게 대답할지도 모른다, "그래서 어쨌단 말인가요? 내가 그것을 진실이라고 믿는 데에는 하나의 전제가 반드시 논리적일 필요는 없지요." 포스트모던 사고들은 때때로 '이상한'(loopy) 생각이라고 불리는 내용들 가운데 들어 있는 자료들 사이에다 흥미로운 연결점들을 만든다. '자인펠트'(존재영역, Seinfeld)의 저자들은 이런 종류의 생각을 완벽하게 이해했다. 각기 다른 것으로 보이는 여러 개의 에피소드는 결국에는 서로 교차되었다가 어느 정도 일관성 있는 (그렇지만 직선이 아닌) 통일체로 모여진 선들을 만들어 낸다. 하나의 에피소드 내에서 그 스토리는 연대를 거꾸로 서술하는 방식으로 진술되는데, 스토리의 끝부분에서 시작하여 시작에서 끝난다.

최근의 독립 영화인 '메멘토'(Memento)는 이 착상을 극단적으로 적용한다. 이 영화는 살해당한 아내의 복수를 하려는 한 단기기억상실증의 남자에 관한 이야기로, 전체적인 내용은 살인으로 시작하고 시간을 거슬러 뒤로 움직여 과거를 말하면서 진행이 된다. 그 방식에 따라 관객들은 이미 몇 분 전에 죽었기 때문에 죽을 거라고 알고 있는 그 인물들을 소개받는 것이다.

최근에 영화화되고 퓰리처상을 받은 소설인 『디 아워즈』(The Hours)는 버지니아 울프(Virginia Wolff)의 소설에 크게 감명 받은 세 여자의 이야기를 하면서 과거와 미래로 시간의 간격 사이를 넘나든다. 이 소설은 아름답고 매력적이며, 직선 모양이 아닌 스타일은 소설가에게 좀 더 솔직한 설명이 아니면 일어날 수 없는 몇몇 뒤틀린 플롯을 허용한다. '자인펠트', '메멘토' 또는 『디 아워즈』 같은 소설들은 25년 전에는 창작될 수 없었다. 관객들은 사건들을 연대기적이고 선적인 순서로 표현하는 것이 오히려 우스꽝스럽고 비논리적이라고 생각하였을 것이다.

실질적 실체

현대인들은 무엇이 진실이고 무엇이 진실이 아닌지를 아는 것이 가능하다고 믿는다. 포스트모던 사람들은 이것을 확신하지 못한다. 포스트모던의 시각에서는 실재와 비실재를 구별해 주는 구분선은, 그런 것이 설혹 있다 하더라도, 흐릿하고 모호하다.

나는 테네시(Tennessee)의 내슈빌(Nashville)에 있는 오프리랜드(Opryland) 호텔에서 개최된 몇몇 집회에 참석한 적이 있다. 이 거대하고 호화로운 테마 호텔은 손님들이 남부 깊숙이 들어가 그 안에 둘러 싸여 있는 듯한 생생한 느낌을 주기 위해 아주 많은 돈을 들였다. 호텔의 가운데 부분은 루이지애나(Louisiana)의 삼각주 세계를 본 따 지었다. 보트가 갖추어진 꼬불꼬불한 강은 뉴올리언스(New Orleans)와 유사하게 디자인된 가게들이 가득한 거리를 통과하여 꽃이 핀 푸른 목초지를 지나도록 되어 있었다.

하지만 호텔의 손님들은 실제로 내슈빌의 교외, 인터스테이트 (interstate) 40번지에서 몇 야드 떨어진, 쇼니 레스토랑 거리 맞은편에 있는 것이다. 호텔에서 며칠을 지내다 보면 이 사실은 모두 잊고 깊은 남부의 세계로 들어가기 십상이다. 호텔을 방문한 후 나는 실제 그 장소를 여행하지 않았음에도 그곳에 직접 다녀온 것처럼 느껴졌다.

디즈니는 자기들의 테마 파크에서 어린이들과 어른들이 가상현실을 체험하도록 수백만 달러를 쏟아 붓는다. 컴퓨터 게임과 시뮬레이션은 점점 실제와 비슷해진다. 할리우드의 어떤 사람들은 컴퓨터의 가상현실 배우가 점점 진짜와 같아짐에 따라 언젠가 이 가상 배우가 진짜 인간 배우의 자리를 대체할지도 모른다고 걱정한다. 실제는 무엇이고 실제가 아닌 것은 무엇일까? 우리는 실제를 어떻게 정의할 수 있을까? 기술과 과학이 계속 발전함에 따라 이런 질문에 대한 확실한 대답을 하기가 더욱 어려워졌다.

우리 교회에 출석하는 대부분의 어린이들은 이 문화에 파묻혀 있고, 이러한 포스트모던 사상을 반영하는 세계관이나 사고방식을 발전시키고 있다. 이 책 앞부분에서 내가 거의 60%에 육박하는 밀레니엄 세대가 포스트모던으로 간주될 수 있다고 말한 것을 기억하는가? 이 비율은 당신이 품 안에서 키우는 어린이들의 세대인 다음 세대에서는 훨씬 더 증가할 것이다. 이 어린이들-적응하는 세대라고 알려진(이들에 관해서 약간 더 살필 것이다)-

은 우리가 보는 방식으로 세상을 보지 않을 것이고, 물론 포스트모던 시대의 어린이들도 자기들이 십대에 보았던 방식으로 세상을 보지도 않을 것이다. 이 어린이들은 우리가 가치를 부여하는 것들에게 동일한 가치를 부여하지 않을 것이며, 주변에서 일어나는 일들을 우리와 같은 방식으로 이해하지 않을 것이다. 그들은 우리와 똑같은 방식으로 진리와 실재의 개념을 이해하지 않을 것이다. 이것은 그들의 외적인 삶에 대한 사고방식이 틀렸다거나 바뀌어야 한다는 것을 의미하는 것이 아니다. 이것은 단지 차이일 뿐이다. 만약 우리가 그 어린이들과 그들의 가족들을 대상으로 사역한다면 그들이 생각하는 방식을 이해해야만 하고, 우리의 행동 방식을 변화시켜야만 하는 것이다.

다가오는 세대

현 세대의 어린이들은 가장 많이 보호받고, 또한 가장 많이 요구받는 세대로 묘사된다. 이 어린이들은 감시를 많이 받은 어린이들이다. 이 어린이들은 자동차 시트와 벨트에서 자랐다. 그들은 모두 자전거 헬멧을 쓰고 있다. 이 어린이들의 놀이는 조직적이며 통제되었다. 이 어린이들은 어린이들을 안전하게 보호하도록 지은 집에서 걸음마를 배웠다. 선생님이나 보모들이 어린이들을 돌보는 장면은 범죄 여부를 확인해야 하는 이유로 모두 촬영되었다. 가정에는 비디오카메라가 설치되어 있어서 부모가 베이비시터(아이를 돌봐주는 사람)를 감시할 수 있다. 우리는 어린이들의 안전을 지키기 위해서 온갖 일을 다하고 있다.

이 어린이들 중 대부분은 미리 계획된 임신의 결과였다. 출생을 쉽게 조절할 수 있는 이 세대의 부모들은 살아가면서 아이를 자연스럽게 갖는 것이 아니라 자기들이 원하는 적절한 시기를 선택할 수 있었다.

밀레니엄 세대는 사이버 문학과 기술에 의존적이다. 이 어린이들은 아주 어릴 때부터 컴퓨터와 하이테크 기계와 만난다. 인터넷 문화는 이 어린이들을 전 세계에서 살아가는 사람들과 만나게 한다. 그들은 일본의 어린이들과 대화하는 것이 어렵지 않고, 중동에서 자료를 쉽게 수집할 수도 있다. 수백만 개 이상이나 되는 웹사이트에 공개된 내용들은, 진리란 우리들 밖에 있는 어떤 객관적 기준이 아니고, 사람이 믿기로 선택한 것이라는 개념을 강화시켜 준다. 인터넷 서핑 또는 다른 장면과 연결시키는 것, 또 웹사이트를 다른 사이트와 연결시키는 것은 실제로 어린이들이 정보에 접근할 때 내러티브 이미지로 접근하도록 훈련 시켜준다. 이것은 어린이들의 사고를 조각조각으로 파편화해서, 연결 고리가 다양하거나 비(非) 단선적(單線的)인 사고구조로 만든다. 또한 어린이들은 컴퓨터 사용으로 다중작업(多重作業)의 능력을 기른다. 내가 아는 열세 살 어린이들은 모두 TV를 보면서 전화 통화를 하고, 메신저를 하며 이메일을 보내고 웹서핑을 할 수 있다. 초등학교 고학년 캠프에서 나는 자기들의 침실에

CD 플레이어, 핸드폰, 컴퓨터 또는 TV가 있는지 물었다. 이 중 두 개 이상의 물건들을 가진 어린이들의 비율이 높았고, 이들은 이 물건들을 쉽게, 아무런 어려움 없이 사용할 수 있었다. 이들은 지루함을 느끼면 바로 새로운 자극을 찾아갈 수 있는 초다중 작업자(supermultitasker) 세대다.

또한 이 세대는 다른 견해, 다른 문화, 다른 생활 형태를 아주 관대하게 수용한다. 그들은 제외 시키는 것보다 포함시키는 일에 익숙하다. 밀레니엄 세대는 이전 세대에서는 나타나지 않았었던 감정적·지적 개방성을 갖고 있으며, 또 선택에 대한 개인의 자유를 높이 평가한다. 밀레니엄 세대는 각 사람은 자신에게 옳은 것을 해야 한다는 사실을 직관적으로 믿는 것 같다; 즉 각 사람은 자신의 진리를 찾아야 하고, 세상에 관한 자기만의 이야기를 발견해야 하며, 이것을 통합시켜야 하는 것이다. 다른 시선과 가치에 대해 관대하다는 것이 전형적인 포스트모던이다. 이런 태도들은 옳고 그름에 대해 객관적인 기준을 둔 이들에게 좌절감을 불러일으킬 것이다. 하지만 이것이 모든 밀레니엄 세대들이 생각하는 방식이다. 그들을 가르치고 사랑하는 우리 같은 사람들은 그 어린이들이 자신들만의 진리와 가치를 통해서 생각할 수 있도록 도울 혁신적인 방식을 개발하기 위해서 열심히 노력해야 한다.

Y 세대는 경험 지향적이다. 이 어린이들은 의미와 가치를 그 순간의 삶에서 즉각적으로 찾아낸다. 그들은 배우기 전에 경

험부터 하기를 원한다. 삶, 배움 그리고 시각과 가치의 수용에 있어서 그들은 '그것을 해 보고 싶어' 한다. 그 후 그들이 정하는 것은 단지 그 경험이 맘에 드는지 그렇지 않은지 이다. 그들은 상상 가능한 모든 경험과 사건들을 가상에서 경험할 수 있게 해 주는 테마 파크와 실제 생활에서 경험할 수 없는 판타지와 시나리오로 데려가 주는 사실 같은 컴퓨터 게임과 함께 성장했다. 그들은 무언가를 배울 때 모든 감각을 사용해 보고 싶어 하고 단순히 사실이나 형식적인 문구가 아닌 체험을 제공하는 배움의 환경을 원한다. 그들은 배우기 위해 직접 해 보고 싶어 한다. 그리고 그것이 영적 삶을 개발시키게 된다면-그들이 영적인 사람들이라면- 그들은 하나님에 대해 배우려 하는 것이 아니라 하나님을 체험하기를 원한다. 그들은 신비와 신비주의를 원한다. 그들은 그저 환대받는 것을 원하지 않는다. 신학자 로버트 웨버(Robert Webber)는 한 청소년 지도자의 말을 인용해서 이렇게 말한다:

> 이 새로운 세대에 어필하는 것은 대성당과 스테인드글라스 창문이다. 교회 의자를 빼고 그들을 바닥에 앉히고 향을 피우고 성서를 읽고 많은 음악을 듣고 찬송을 부르고 대화를 나눠라. 그러면 그들은 "우와, 이게 나야."라고 말할 것이다.[2]

이 세대는 어른들을 쉽게 믿지 않는다. 밀레니엄 세대는 민감한 진실 탐지기를 지녔기에 이 탐지기를 알고 있다면 쉽게 말할 수 있다. 밀레니엄 세대는 어른들에게 자신들이 신뢰할 수 있는 존재라는 사실을 증명할 기회를 주려고 하지만, 만일 그들이 어른들에게 실망한다면 두 번째 기회를 주는 것을 별로 좋아하지 않을 것이다. 그들은 성실과 정직에 가치를 둔다. 그들은 사람들이 자기들에게 진실하기를 바란다. 「어린이 영화」(Kids Screen)라는 잡지에서 한 열두 살 소녀는 "착하디착한 캐릭터는 너무 지루해요. 나는 바트 심슨(Bart Simpson, 미국 만화의 캐릭터) 같은 캐릭터를 좋아해요. 왜냐하면 그들이 문제 상황에 처했을 때 그들이 그 문제를 해결하는 것이 재밌거든요. 그게 훨씬 사실적이에요."라고 말한다.3) 밀레니엄 세대는 포용적이고 수용적이기 때문에 지금 당장 당신이 진실하고 진심이기만 하다면, 당신이- 숙제건 소란을 피우건 종교에 관해서건- 이런 문제들에 진실한가 또 믿을 만한가 하는 것들은 전혀 문제가 되지 않는다.

그들은 스스로를 믿고, 또 자신의 의견과 자신의 진리를 믿고자 하는 경향이 있어서 위압적인 인물들의 명령을 별로 중요하게 여기지 않는다. 밀레니엄 어린이들을 가르치는 일을 하는 사람들과 이야기할 때 매번 듣는 말이 이 어린이들은 나이가 많거나 권위적 지위에 있는 사람이라고 해서 존경하는 것이 당연

---

2) Robert Webber, "Faith: New Generation is Looking Back", Uwe Sieman-Netto, United Press International에서 인용한 한 청소년 지도자의 글.
3) KidScreen 잡지로부터, Children's Ministry, July/August 2003, 3에서 인용.

하다고 생각하지 않는다는 것이다. 하지만 누군가 진실하고 믿음이 가는 행동으로 그들의 존경을 얻는다면 어린이들은 그의 말을 들을 것이다.

심지어 밀레니엄 세대에 관한 '진리들'까지도 그 해석의 문이 열려 있다. 세대 연구의 권위자인 닐 호위(Neal Howe)와 윌리엄 스트라우쓰(William Strauss)는 이 세대가 일반적으로 '가장 위대한 세대'로 알려진 2차 세계 대전 세대를 반영한다고 말한다. 이 학자들은 또 밀레니엄 세대는 20세기 초반에서 중반까지에 이르는 동안 시민 의식으로 가장 잘 무장된 세대의 잠재력을 갖고 있다고 말한다.4) 많은 일화들이 이 학자들의 주장을 뒷받침한다. 9월 11일 테러가 일어난 몇 주 후 나는 작은 대학 출신의 교수가 자신의 수업을 듣는 학생들에 대해, 또 세상을 좀 더 나은 곳으로 만들고자 하는 그 학생들의 노력에 대해 이야기하는 것을 들었다. 학생들과 함께 그들의 미래에 대해 이야기를 나누면서 이 교수는 학생들이 그들의 나라와 다른 사람들을 돕고 싶어한다는 사실을 알게 되었다. 역사학자인 도리스 컨즈 굳윈(Doris Kearns Goodwin)은 그녀의 아들 중 한 명이 9월 11일 이후 나라를 위해 무언가 다른 것을 하고 싶어서 군에 입대했다고 말한다.5) 무장한 우리 군대의 젊은이의 최근 인터뷰는 이 나라와 세계를 더 안전한 장소를 만들고 싶어 하는 밀레니엄 세대의 욕구를 강

---

4) Strauss, William and Neal Howe, Millennials Rising, Vintage, 2000.
5) Doris Kearns Goodwin interview, Don Imus Radio Show, 2003.

하게 보여 준다. 이 세대는 열심히 일하는 것에는 가치를 두지만 직업적 명성은 그다지 중요한 것으로 여기지 않는다는 사실을 암시하는 통계치가 있다. 한 조사에 의하면 자원 봉사에 가치를 두는 밀레니엄 세대가 92%를 넘는다고 한다.

하지만 또 다른 조사는 여기에 동의하지 않는다. 돈 탭스코트(Don Tapscott)는 그의 저서 『성장하는 디지털: N 세대의 증가』(Growing Up Digital: The Rise of the Net Generation)에서 이 세대는 X 세대와 비슷한 점은 별로 많지 않을 것이라고 주장한다. 그는 그들이 가진 독립적 가치관, 관용과 포용의 필요성, 신속한 경험과 신빙성에 대한 욕구가 시민적(civic) 시각과 타인 중심을 가능하게 할 능력에 대한 실질적 장애물로 작용할 가능성이 크다고 제시한다.[6] 현재 나타나는 모습을 보면 밀레니엄 세대는 아직 이런 모습을 보이지 않는 것으로 판단된다. 사실, 그들 중의 다수가 아직은 여전히 어린이들이고 그래서 정체성이 쉽게 바뀔 수 있다. 리처드 팁레이디(Richard Tiplady)는 시사화보 기사에서 아래와 같이 반박한다:

> '밀레니엄 세대'의 정체성은 아직 제 모습을 갖추고 있지 않다. 이들의 최근 모습은 '반작용'과 '시민적' 적 모습이 혼합되어 있는 것으로 보인다(대게 반작용적인 X 세대와는 달리). 밀레니

---

[6] Tapscott, Don, Growing Up Digital: The Rise of the Net Generation, McGraw-Hill, 1999. Richard Tiplady, Global Connections, June 2000에서 인용.

엄 세대가 X 세대와 비슷해지는 것은 가능하다. 하지만 어쩌면 리더십 적응력이 더 많이 있을 것이다. 우리는 아직 밀레니엄 세대가 '시민적'(civic) 세대가 될 것인지는 말할 수 없다.[7]

전문가들은 이 세대의 어린이들이 이타적인 삶을 살아가기 위한 잠재력이 있다는 사실에 동의한다. 이 어린이들이 교회에서 봉사와 선교 분야에 진출하도록 우리가 도울 수 있으면 좋을 것이다.

폴스터 조지 바나(Pollster George Barna)는 이 세대는 영적 세대라고 말한다.[8] 하지만 이 세대가 영적이라고 해서 어떤 사람을 쉽게 기독교인으로 만든다는 말은 아니다. 밀레니엄 세대의 사람들이 하나님에 대해 개방적이지만 모든 관점을 수용하므로 자기들이 믿거나 혹은 믿기를 원하는 신에 대해 제대로 알지 못한다. 그들은 신앙을 혼합시키고 집어내서 접근하기 때문에 조직화된 복잡한 신학에 전념하거나 근대 세대가 만든, 차근차근 밟아 올라가는 훈련이 필요하다는 사실을 깨닫지 못한다. 그들은 기독교의 교의나 가치를 기꺼이 받아들이지만 이 기독교 교의를 불교나 다른 세계 종교에서 나온 사상들과 연결시키는 것에 아무런 불편도 느끼지 않는다. 포스트모던 사람들인 이들은 어떤 특정한 그룹이나 종교가 진리의 구석진 곳을 갖고 있다고

---

7) Richard Tiplady, Global Connections newsletter, June 2000.
8) Barna, George, Generation Next, Regal Books, 1995, 18-21.

믿지 않는다. 그들이 찾는 것은 그들의 이야기와 경험을 반영해 주고, 그들 자신의 삶을 위해 작용하는 진정한 영성과 믿음이다.

적응 세대

밀레니엄 세대의 어린이들이 가진 개성은 그들이 어린 시절과 청소년기를 다 보냈을 때 더 선명해질 것이고 성인이 되었을 때는 더욱 선명해질 것이다. 그들의 포스트모던 세계관에 대해 아는 것이 다음 10년이나 15년 동안 사역을 구체화하는 데 도움을 줄 수 있을 것이다. 하지만 앞에서 언급한 것처럼 우리는 또한 밀레니엄 세대인 우리 교회의 어린이들과 유아들의 이후에 오는 그 다음 세대에 관련된 것들의 지식도 필요하다. 세대를 연구하는 사람들은 이 그룹을 '어댑티브스'(적응 세대) 또는 Z 세대라고 이름 붙인다. 그들에 관해 알고 있는 것이라고는 단지 추론뿐이다. 그들은 어떤 그룹상의 특징을 보여 주기에는 아직은 너무 어리기 때문이다. 우리가 그들이 태어난 세계를 제공해 주었지만 그들이 살아갈 세계에 관해서는 약간의 추측만 할 수 있을 뿐이다.

지난 50년간의 각 세대는 포스트모던 세계관을 가진 사람들을 점점 더 증가시켰다. 이것은 적응 세대의 사람들이 포스트모던 감성을 가진 사람들의 숫자보다 또한 밀레니엄 세대보다도 더 많아질 것이라는 사실을 보여 준다. 그러므로 밀레니엄 세대에서 하는 우리의 사역 모습은 앞으로 20년 후면 사라지고, 적응 세대가 그 다음 20년에서 25년 동안 우리의 사역 대상이 될 것이다. 이것은 교회에서 행하는 사역의 미래를 보는 것과 똑같기 때문에 우리가 이러한 세계관을 이해하고 또 이 세대의 강력한 도전을 앞에 놓고 우리의 비전과 계획과 목회 사역을 정하는 데 진지해질 필요가 있다.

적응 세대는 뉴욕(New York)과 워싱턴(Washington)에서 일어났던 테러 공격 이후에 태어났(든가 태어날 것이)다. 그들은 뉴욕시의 스카이라인을 지배하는 세계무역센터 쌍둥이 빌딩을 볼 기회가 아마 없을 것이다. 이 어린이들은 외국에나 있었던 테러리즘이 추상적 개념이나 바다 건너에서 일어나는 그들과 상관없는 어떤 것이 아닌 그런 세상에서 태어났다. 이 어린이들은 색깔로 구별되는 테러 경보가 있는 세상에서 살게 될 것이고, 이 나라 역시 대량 파괴에서 더는 안전하다고 믿지 못하는 염려 속에서 살게 될 것이다. 그들은 시민의 자유가 사라진 나라에서 살 수도 있다. 새롭게 발생한 국가의 불확실성은 밀레니엄 세대의 부모들보다 훨씬 더 방어적이 되게 할 수도 있다. 부모들은 이 세대의 어린이들을 데리고 비행기 여행을 한다거나 외국 여행을 하는 것을 꺼릴지도 모르고, 대도시로 수학여행을 가는 것을 꺼릴지도 모르고, 그 어린이들이 눈앞에 보이지 않으면 두려워할지도 모른다. 부모들은 계속해서 위험이 증가하는 이 세상에서 어린이들이 안전한 세상을 만드는 데 노력을 할지도 모른다. 또한 정서적으로 이런 상황들은 다른 사람들이나 자신들을 신뢰하는 이 세대의 재량에 무서운 결과를 낳을지도 모른다.

밀레니엄 세대의 초기의 사람들은 첨단 기술 혁명 시대에 태어난 반면에 적응 세대는 이 놀라운 기술이 평범한 것이 되고 대부분의 사람들이 쉽게 손에 넣을 수 있는 시대에 태어났다. 이 어린이들은 디지털 기기가 좋아하는 TV 쇼를 광고 없이 녹화하는 세상에서 살고 있고, 그래서 이들의 선호를 근거로 해서 어떤 쇼를 좋아할 것이고 녹화하려 할 것인지를 추측하는 (그래서 거기에 알맞은 TV 쇼를 만드는) 세상에 살게 될 것이다. 그들은 VHS 비디오 테이프를 보기를 마치 그들의 부모가 8트랙 비디오를 구시대의 유물쯤으로 여겼던 것처럼 그렇게 생각할 것이다. 그들은 DVD 세계에 살고 있고, 그래서 이들은 집에서 빌려다 보는 영화들이 특별한 서비스 품목들, 즉 영화 감독자의 해설이나 영화의 장면에 붙은 설명 같은 것이 함께 배달되어 오는 것을 신기해하지 않을 것이다. 이는 더이상 그들이 더 발전된 영화를 기다릴 필요가 없다는 것과 마찬가지다. 그들의 컴퓨터와 그들이 다루는 장비들은 이 시대에 있는 것들보다 훨씬 빨라질 것이다.

신속하게 변하는 기술은 이 시대의 어린이들과 그들의 부모들에게 필요한 삶을 영위할 수 있도록 할 것이다; 당신은 특정한 TV 쇼를 보기 위해 어떤 시간에 반드시 집에 있어야 할 필요가 없고, 개인 전화기는 어린이들을 보면서 체크하도록 할 것이다. 이 어린이들은 자기들의 앞 세대보다 훨씬 더 진보된 기술에 익숙하게 될 것이고, 어쩌면 이전 세대보다 훨씬 더 기술 의존적이 될 것이다. 신기술들은 더 나아가 삶의 모든 영역에서 사람들과의 관계를 어떻게 조절해야 하는지 그리고 어린이들을 어떻게 가르칠지를 재규정할 것이다.

이러한 적응 세대는 우리들 밀레니엄 세대보다 윤리적으로 훨씬 암울한 세상에 태어났다. 포스트모던적 감정 때문에 생겨난 사회적 변화라는 쓰나미(해일) 현상으로 말미암아 윤리적으로 명확했던 요구 사항들을 지켜야 하는지 아닌지 불확실해졌다. 인간 게놈 지도가 그려지고, 인종 세포 연구를 놓고 벌이는 토론과 클로닝(미수정란의 핵을 체세포의 핵으로 바꿔서 유전적으로 똑같은 생물을 얻는 기술-역주) 기술의 발전은 이미 오래전부터 해 왔던 생명을 창조하는 방법을 놓고 벌이는 논쟁을 일으킨다. (다음 세대의) 어린이들은 결혼과 가족의 본질이 무엇인지 뜨겁게 논쟁하는 세상에서 성장할 것이다. 미국의 로마 가톨릭 교회에서 일어났던 섹스 스캔들은 전통적으로 도덕의 조정자 역할을 하던 기관이 신뢰를 의심받고 한 입으로 두말하는 세상에 어린이들이 노출되고 있음을 보여 준다. 밀레니엄 세대와 마찬가지로, 적응 세대 사람들에게 단순히 도덕적 교훈을 가르치는 것으로는 부족하다. 도덕적 삶이 어떤 것인지를 실제로 보여 주어야 한다. 도덕과 싸우고, 윤리 체계와 싸우는 일이 어린이들에게 가치에 근거한 결정을 내리는 데 다양한 선택의 폭을 제공할 것이다. 과학과 기술의 발전이 계속되면서 어떤 종류의 절대적인 진리가 존재

한다는 확신에 기초한 믿음이 어린이들에게 어떤 비약을 하도록 만들어 줄 것이다.

밀레니엄 시대 초기의 사람들은 경제적으로 낙후한 시기에 태어났고 그래서 90년대의 발전과 경제적 팽창 시대에 성장했다. 그들은 인간이란 컴퓨터와 증권을 통해서 수백만 달러를 벌어 들이는 존재일 뿐이라고 생각했다. 사람들은 경제 팽창기에 그들의 부모가 이룩한 경제적 번영에서 꾸준히 이익을 얻었지만 갑작스러운 개인의 부로 인하여 더욱 암울한 전망에 직면했다.

적응 세대의 사람들은 요동치는 국가 경제 상황에서 태어났다. 부분적으로는 테러와 전쟁의 위협 때문이고, 또는 경제가 퇴보했다가 다시 활발하게 회복했지만, 신기하게도 일자리는 창출하지 못하는 경제 회복 사이를 왔다갔다하는 시대에 태어났다. 이 어린이들은 밀레니엄 세대에 태어난 자기들의 선진들이 누렸던 돈의 혜택을 받지 못할 수도 있다. 그들은 아마도 아이비리그(미국 동북부 명문 대학 그룹)보다는 주립 대학에서 공부해야 할는지도 모른다. 방학은 없을지도 모르고, 또 이 어린이들은 부모의 고용이 조업 단축이나 직업 전환에 따른 어려움을 안고 살아야 할지도 모른다. 이 어린이들은 그들의 부모나 밀레니엄 초기에 살았던 사람들이 누렸던 많은 월급이나 화려한 삶에 대한 기대감을 가지지 못할 수도 있다.

적응 세대 어린이들은 미디어(대중매체)가 사실과 허구, 진리와 비진리가 사이의 경계선을 흐리는 세상에서 태어난다. 텔레

비전 프로그램들은 보통의 사람들이 실제처럼 꾸며진 상황에서 자연스럽게 행동하는 것을 보여 주기 위한 의도로 실제 장르를 점점 더 많이 방송하게 될 것이다. 하지만 일반 대중이 보는 것은 폭력적인 장면이나 외설적인 내용으로, 때로는 프로그램의 피디가 교묘하게 조작한 것들을 보게 될 것이다. 주요 신문들에 실린 저널리즘의 스캔들은 신문들이 세계에서 일어나는 사건들을 보도해 주지만 실제로 무엇이 일어났는지를 의심하게 만들 것이다. 영화 제작자들이 만든 특수 효과와 컴퓨터로 만든 이미지들이 너무나 실제 같아서 실제의 배우를 보는 것인지 만들어진 캐릭터를 보는 것인지 깨닫지 못할 것이다. 이 세대는 무엇이 실제이고 무엇이 실제가 아닌지에 대한 문제를 연구하고 대답하는 것이 필요할 것이다. 또 아마도 더욱 중요한 사실은 다음의 질문과 같은 문제다: "사실이라고 해서 문제될 게 있나요?" 이 세대는 밀레니엄 세대인 우리가 당연하게 알고, 당연하게 생각하던 진리의 전체 성격이 의문시되는 그런 세대다.

이미 말한 것처럼 지난 25년 동안 교회에서 어린이 사역은 존경을 받았다. 그 이전에 청년 사역과 마찬가지로 어린이 사역은 학문 분야가 되었고, 전문화되었으며, 이러한 훈련들은 교회를 위하여 해야 할 열정적인 일로 자리 잡았다. 그리고 우리는 그것을 아주 잘 해냈다. 하지만 미국 교회는 갈림길에 서 있고, 어린이들과 가족들의 문제를 놓고 일하는 우리들 역시 갈림길에 서 있다. 우리가 걸어온 그 길로 계속 나아갈 수도 있는데, 이 길은 물론 우리 사역의 명성을 통하여 또한 파라처치(parachurch, 현장에서 기독교 복음을 전하며 기독교 정신을 구현하는 기구-역주) 어린이 사역 조직을 통하여 분명하게 드러난 길이다. 이 길을 계속 가면 잠시 성공을 유지시켜 줄 것이다. 그러나 만일 우리가 깨닫지 못하거나, 어쩌면 더 나빠져서, 우리의 세계와 어린이들에게 나타나는 변화의 큰 파도를 거슬러 오히려 저항을 한다면 우리가 지금까지 얻은 존경과 그 영향력은 금방 그 종말을 맞게 될 것이다. 그리고 그 길은 우리의 어린이들과 교회와 믿음에 손상을 끼치는 길이 될 것이다.

다른 길은 미지의 길이다. 일부 독창적이고 창조적인 사상가들과 실천가들이 그 길을 찾으려고 노력하지만 그 길은 여전히 가시덤불에 덮여 있고, 그래서 우리를 잘못된 방향으로 이끌어 갈지도 모른다. 그 길은 포스트모던의 감정을 받아들이고 이해하는 길이지, 그것을 거부하고 맞서 싸우는 것은 아니다. 그것은 새로운 길과 과거의 길 사이에 서 있는 우리의 어린이들이 믿음과 기독교인에 관해 토론할 때 창조적이고 새롭게 생각하도록 돕는 길이다. 이는 우리가 어떻게 어린이들에게 그 이야기를 경험하게 할지, 우리의 교회 공동체와 가족들이 그 어린이들과 함께하는 이야기를 경험하게 할지 그리고 그 이야기에서 하나님과 그분의 피조물과의 관계, 또 미래와 하나님과의 관계에 대해서 새롭고 즐겁지만 혼란스러운 생각들을 어떻게 정리할지를 새롭게 다시 생각하는 길이다.

제2장
믿음의 첫걸음

CHAPTER

02

어린이들은 그들의 삶에서 중요한 위치에 있는 사람들로부터 자기들이 사랑을 받을 만한 사람이고 또 유능한 사람이라고 느껴야 하는데, 그 이유는 이들의 메시지가 어린이들의 민감한 정신에 감명을 주는 메시지임은 물론 그 사람들이 자신이 알고 있는 하나님과 예수님을 보여 주는 구체적이고 유일한 대리인들이기 때문이다.

믿음의 첫걸음

　어린이들은 어른과 다르다. 그들은 자라나고 발전하는 과정에 있으며 어른들이 하는 것과는 다르게 세계를 이해하고 자신들과 세계를 다르게 연결시킨다. 하지만 어린이들과 생각하는 것과 느끼는 것이 비슷하다는 것을 알고 있는 어른들과, 어린이들은 생각하는 방법이 다르기 때문에 종종 어린이들이 작은 어른이고 어른들이 이해하지 못하는 것을 이해한다고 추측하는 것과 같이, 어린이들을 다루는 방법에서 덫에 걸리게 된다.
　우리의 문화는 어린이들을 어른과 같이 다룸으로 인해 발생하는 이러한 오류를 보여 주고 있다. 우리는 아이들에게 어른들의 옷을 입혀 놓고 한때 '오직 어른만을' 위한 것이라고 생각되었던 환경과 상황 속에 살도록 내버려둔다. 아이들의 정신적 형성을 돕는 것에 대해 이야기할 때에 우리는 아이들의 아이들다운 다양한 단계를 통해 하나님과 소통한다는 것을 기억하고 아이들의 길이 어른들의 길과는 다르다는 것을 알아야 한다. 덧붙여서 그들이 삶의 발전된 무대를 통해 앞으로 나아가면 그들은 당연하게도 다른 무대에서 다른 방법으로 신앙을 인지한다. 이것은 우리가 어린이의 발전하는 영적 상태를 이해해야만 한다는 것을 의미한다. 우리는 다양한 연령과 무대에서 그들이 누구이고 하나님이 유치원 혹은 초등학교 아이들과 어떻게 관계하시는지 이해하기 위해 어린이의 마음과 감정 그리고 정신을 알아야 한다. 그리고 심지어 세계관, 가치, 우선적인 것이 세대에 따라 달라진다 하더라도 인간의 가장 기본적인 발전 과정은 같은 곳에 머물러 있을 것이다.

아이들의 부모 혹은 신앙 지도 교사인 우리는 영적 발전이 한 어린이가 발전해 나가는 다른 모든 발달 형태와 연관성 있게 얽혀 있다는 사실을 알아야 한다. 어린이의 정서적 성장은 하나님에 대한 그 어린이의 정서적인 이해에 큰 영향을 미친다. 그리고 아이의 영적 성장이나 영적 성장의 결핍은 아이의 도덕적 성장을 강화하거나 약화시킨다. 어린이의 성장기의 지적 능력과 분석 기술은 그 아이가 어떻게 믿음의 개념을 이해하고 어떻게 영혼으로 생각하기를 배우는지에 대해 직접적으로 영향을 준다. 그리고 믿음의 개념에 대한 성장기의 경험적 이해는 그 어린로 하여금 긍정적인 사회성과 이해를 발전시키도록 만들어 준다.

그래서 21세기 신앙 공동체 안에서 어린이 사역과 또한 어린이와 함께하는 사역에 대한 논의로 시작한 것처럼, 우리는 어린이 발달과 그 발달의 영적 발달과의 상호 협력에 대해 이야기해야 한다. 이러한 방식으로 논의를 진행해 나가는 가운데서 나는 심리 사회학적 발달과 믿음의 발달 분야에서 우리의 주제에 알맞은 작품을 쓴 사회학자 에릭 에릭슨(Eric Erikson)과 제임스 포울러(James Fowler)를 언급하고자 한다.

에릭 에릭슨의 심리 사회학적 발달 이론은 모든 인간은 생애에서 여덟 개의 단계 혹은 위기를 통과한다고 제시한다. 인간은 유아기에서 시작하여 죽음에 직면할 때 끝난다. 에릭슨은 아이들 혹은 어른들을 각각의 길로 이끌어 주는 과정이 긍정적이든 부정적이든 다음 단계의 극복에 영향을 주게 되고 궁극적으로는 건강한 혹은 건강하지 못한 정서적 발달에 영향을 준다고 주장한다. 예를 들어, 에릭슨의 가장 첫 번째 단계는 '신뢰 대 불신'(trust vs mistrust)이다. 이 위기의 긍정적인 발달은 다른 사람을 불신하는 것보다는 다른 사람이나 세계를 신뢰하는 기량을 가진 단계로 움직임을 보일 것이다. 이 단계의 긍정적 결과가 아이들을 '자율성 대 부끄러움/의심' 같은 유년기의 두 번째 위기로 넘어갈 수 있고 그것을 극복할 수 있게 준비시켜 줄 것이다. 첫 번째 단계의 부정적 반응은 아이들을 두 번째 단계로 이끄는 항로를 방해할 것이고 그리하여 모든 단계도 그렇게 방해할 것

이다.9)

어른들이나 아이들을 다음 번 위기로 넘어가도록 하는 여러 가지 요소가 있다; 신체적 성장, 지적 발달 그리고 외부의 사회 활동의 세력들 이 모두가 한 사람을 그 다음 단계로 움직여 나가게 한다. 그 단계들이 되돌아올 수도 있는 반면에, 대부분의 사람들은 새로 시작하는 것 없이 전 생애 동안 여덟 단계를 모두 통과하여 나아간다.

제임스 포울러는 인간의 신앙 발달이라는 분야에서 연구와 광범위한 저술을 통해 잘 알려진 사회 과학자다. 포울러가 한 개인으로서 기독교적 방향에서 저술하는 반면에, 그의 작품은 단순한 기독교 신앙의 발달보다 더 광범위하다. 포울러는 인간이 어떻게 어떤 영적 골격 안에서 신앙을 발전시키는지에 대해 관심을 가졌다. 다양한 종류의 개인의 신앙 체험에 관한 광범위한 인터뷰를 통해 포울러는 유아기에 형성되기 시작하여 성인을 통과하여 진행되는 신앙 형성의 여섯 단계를 발전시켰다. 이 과정 중 많은 부분이 개인이 속한 집단의 신앙 유형과 최근에 지나쳐 온 신앙 발전의 단계의 내적 욕망과 밀접한 관련이 있다. 하지만 여기서는 에릭슨의 모델과는 달리 사람이 믿음의 발전 과정의 어떤 단계에서도 혹평을 받을 수 있다는 언급이 중요하다. 몇몇 생물적 발달 성장이 사람을 다음 단계로 넘어가게 하는

---

9) 에릭 에릭슨의 이 이론은 Childhood and Society (second edition), W. W. Norton and Co., 1963에 들어 있다.

데 필수적인 반면 이 이론에서는 어떤 사람이 신체적 성장을 했다고 해서 반드시 다음 단계로 넘어가리라는 보장이 없다. [10]

나는 어린이의 신앙 형성이 태어났을 때부터 시작된다고 믿는다(시 139편을 보라). 이것은 긍정적일 수도 있고 부정적일 수도 있다. 하지만 절대로 애매모호하지 않다. 사실 포울러는 유아기가 후에 올 모든 긍정적인 믿음의 발전에 가장 중요한 단계라고 믿는다. 자연적으로 어린이는 자신보다 더 큰 세계에 대한 개념이 없고 하나님이나 믿음 같은 것의 개념도 없다. 하지만 삶의 첫 몇 달 동안 유아를 돌보는 방법은 그 아이가 소속되어 있는 믿음의 그룹 안에서 하나님과 혹은 다른 이들과의 관계를 형성하는 능력을 길러 주는 일과 직접적으로 연결되어 있다.

에릭슨의 주장은 아이의 신앙 발달이 시작되는 삶의 초창기의 중요성을 알려 준다. 앞에서 언급한 바와 같이, 에릭슨의 첫 번째 단계는 '신뢰 대 불신' 단계다. 아이들은 보호자와 삶이 일치하는 진실의 가치와 동일한 환경에 처했을 때 불신보다는 신뢰를 더 발전시킨다. 만약 아이가 배고플 때 먹여 주고, 젖었거나 더러울 때 옷을 바꿔 주고, 인간적 접촉을 두려워하거나 혹은 접촉하고 싶어 할 때 원하는 대로 해 준다면 아이들은 그렇지 않은 것보다 훨씬 더 사람을 잘 믿을 것이라는 뜻이다. 어린이가 갖는 환경의 안전성에 대한 근본적이고 본능적인 감각은 아이

---

[10] 제임스 포울러의 이 이론은 Stages of Faith, Harper and Row, 1981에 들어 있다.

에게 세계가 믿을 만한 장소라는 감각을 심어 준다. 하지만 이런 것들이 어린이들의 환경에서 표현되지 못한다면 신뢰를 할 수 있는 능력이나 다른 사람과 사랑하는 관계를 제대로 형성하는 것이 불가능해 질 수도 있다. 인간의 발달 과정에서 신뢰는 지극히 중요하다. 다른 사람들과 애정 관계를 형성하려면 다른 사람이 나에게 좋은 사람일 것이라는 믿음이 그들이 나를 해칠 것이라는 믿음보다 더 강해야 한다.

다른 사람을 신뢰하는 힘이 당연히 하나님과 관계를 맺으려는 힘에 직접적인 영향을 준다는 것이다. 볼 수 있고 만질 수 있는 사람들을 믿지 못한다면 보이지 않고 '그곳 어딘가'에 계신 하나님을 믿는 것이 가능하겠는가? 불신적이기보다는 신뢰하는 사람이 되어 다른 사람들과 세상을 바라본다면 하나님을 신뢰하는 관계로 들어가기가 더 쉬울 것이다.

믿음의 기초

생후 처음 몇 달은 긍정적인 신앙 형성과 성장에 결정적으로 중요하다. 부모는 믿을 수 있는 보호자가 되고 또한 안정감과 사랑이 가득한 가정을 만들기 위해 노력하되 절대로 극단으로 치우쳐서는 안 된다. 교회에서 아이들을 돌보는 우리들에게도 역시 중요한 정보다.

종종 교회의 유아실에서 일어나는 일들이 아이를 돌보는

것에 지나지 않는 것처럼 보인다. 아이들을 돌보는 일에 헌신하는 자원 봉사자를 찾는 일이 어려운 것은 놀랄 일이 아니다! 교회 유아실에서 아이들을 돌보는 사람들은 자신들이 부모들을 도와주는 일보다 훨씬 더 많은 어떤 일을 하고 있다는 사실을 알아야 한다. 그들은 아이들을 사랑하고 돌보고 먹이고 변화시킴으로써 아이들이 하나님을 알고 사랑하기 위해 필요한 믿음의 기초를 쌓는 데 주춧돌을 놓는다는 것을 이해할 필요가 있다. 심지어 유아실의 규칙을 수립하고 따르는 단순한 행동만으로도 아이들이 하나님의 공동체가 안전하고 좋은 장소라는 걸 이해하는 데 도움을 준다. 손가락이 밟히지 않거나 혹은 카펫이 깔려 바닥이 부드러운 이 창조적인 공간에서 아이들은 자신들이 보호를 받고 있다고 느낀다. 아이들에게 예수님에 관한 노래를 불러 주거나 하나님이 어떻게 그들의 발가락을 만들었는지 말해 주는, 건실하고 사랑 넘치는 교사(caregiver)들의 협력은 어린이들이 하나님의 사람으로 변화될 수 있는 믿음의 기초를 세워 준다.

아이들이 영적인 존재라는 자각은 또한 우리가 부모들에게 아이들을 돌보는 방법들을 가르치는 내용을 다시 생각해 보도록 강요한다. 지난 10년에서 15년 동안 많은 교회들이 아이의 먹고 자는 패턴을 정밀하게 검토하는 프로그램을 장려해 왔다. 그 이론을 따라하면 양순하고 고분고분한 아이로 발달시키며 궁극적으로는 하나님에게 순종하는 사람이 된다는 것이다. 하지만 이런 종류의 프로그램은 실제로 아이들의 기본적인 필요들을 무시하기도 한다. 예를 들면, 밤 동안에 아이에게 먹을 것을 주지 말라는 것이다. 그러나 아이가 배고프고 기저귀가 젖어서 울 때 아무도 아이의 필요를 채워 주지 않는다면 신뢰와 불신 중 아기가 무엇을 배울지 생각해 보라. 아기에 관한 실험 계획안을 따르는 것은 규칙에 복종하는 아이로 만들기는 쉬울지 모르지만 하나님을 사랑하는 아이를 만들지는 못할 것이다.

독립의 시기

아이가 유아기에서 벗어나 걸음마하는 시기로 성장해 가면서 그들은 열심히 세상을 알아간다. 이러한 선천적 호기심은 에릭슨의 다음 단계 '자율성 대 부끄러움/의심' 혹은 위기로 넘어가도록 하는 그들의 자라나는 신체적·지적 능력과 결합한다. 아이가 자라면서 점차 부모로부터 독립하면 아장아장 걷는 아기는 싸울 듯이 "내가 할래!", "싫어!"라고 부르짖는다. 아이들이 이 위기를 성공적으로 넘어가려면 새롭고 필수적인 기술을 배우고 성취하는 자의 능력에 대해서 부끄러움이나 불확신을 느끼는 것보다는 혼자 옷을 입는다거나 혼자 화장실에 가고 혼자 먹는 것 같은 일을 완전히 할 수 있는 자신의 새로운 능력에 대해 좋은 느낌을 가져야 한다. 그 나이에 어울리게 혼자서 행동하려는 시도를 칭찬하고 축하해 주면 아이들은 자신감이 생긴다. 아이가 혼자서 해 보려는 시도를 저지하고 헐뜯는 부모와 보호자들은, 자기의 작은 세계를 정복하려는 아이의 노력을 수치심과 의심의 도가니로 밀어 넣을 것이다.

아이의 독립에 대한 욕구가 종종 아이들을 안전하고 건강하고 단정하게 유지하려는 부모의 욕구와 충돌하기 때문에 이 시기는 훈육이 문제가 되는 시기다. 아이들을 훈육하는 방법은 자주성이라는 위기의 시기에 처한 아이에게 막대한 영향을 끼친다. 아이들의 발달 능력 밖의 행동 즉 어른들이 기대하는 행동을 하기 바라거나 실수한 행동에 대해 가혹한 처벌을 하는 부모나 보모는 아이의 정신에 상처를 줄 수 있고 아이의 자신감을 꺾을 수도 있다. 아이들의 행동에 대해 적절하고 일관성 있는 기대감과 결과들로 양육하는 부모나 보모들은 아이의 성취감을 발전시키도록 도와준다. 이 단계를 성공적으로 넘어간 아이는 자신을 사랑을 받는 사람으로 그리고 유능한 사람으로 바라보는 건전한 자아 개념을 발전시켜 나간다. 언젠가 나는 두 살짜리 아이들을 가르치는 현장 교육 체험을 해야 했던 한 젊은 신학생에 관한 이야기를 들은 적이 있다(나는 그 이야기가 꾸며낸 이야기이기를 바란다). 그 학생은 아이들을 가르치는 가장 좋은 방법이 아이들을 줄을 맞춰 의자에 앉혀 놓는 것이라고 생각했다. 그는 아이들에게 그날의 성경 이야기를 들려주는 동안 제자리에 가만히 앉아 있도록 요구했다. 그런데 두 살짜리 어린이들과 함께 있어 본 사람이라면 그 다음에 어떤 일이 일어났는지 짐작할 것이다. 그 아이들 중 어느 누구도 의자에 오랫동안 앉아 있지 않았다. 상황을 바로잡기 위하여 그 젊은 신학생은 아이들이 자리를 벗어날 때마다 제자리로 돌아가라는 의미로 호루라기를 불었다. 추측컨대 그곳에는 호루라기 소리가 난무했을 것이다. 이 이야기가 재밌고 어떤 면에서는 믿을 수 없을 일이지만 나이에 맞는 적절한 기대감과 아이들 속에 긍정적인 자아 개념을 심어 주는 것이 중요하다는 사실을 시사해 준다. 이 두 살짜리 아이들은 일정 시간 동안 의자에 가만히 앉아서 다른 사람의 말을 들을 수 있는 신체적 능력이 없다. 이 아이들은 또한 아는 모든 것을 그대로 행하라고 자기들에게 말하는 어른을 보고 있다. 이때 아이들의 마음속에, 어른들은 절대 틀리지 않으니까 어른이 요구한 것을 하지 못한다면 자신에게 잘못이 있다는 생각이 자리 잡는다. 그들은 자신의 능력에 대해 의심하기 시작했을 것이다. 그리고 교사가 아이들이 자리를 뜰 때마다 호루라기를 불었으므로 자기들이 지극히 중요한 인물인 이 어른을 기분 나쁘게 했다는 사실을 깨닫는다. 그래서 이 경험은 아이들이 사랑받을 자기들의 가능성까지도 의심하게 만든다.

　이런 자아의 발달 감각은 한 아이의 믿음 형성에 지대한 영향을 미친다. 기독교인은 순수한 사랑이신 하나님, 궁극적인 희생이 필요로 했을 때 우리를 대신하여 기꺼이 죽으셨던, 인간을 매우 사랑하신 하나님을 믿는다. 하나님과의 관계 형성의 기초는 그분의 피조물인 인간을 향한 하나님의 사랑을 받아들이는 것에서 시작된다. 만약 한 아이가 어릴 때부터 자기는 사랑받을 만하지 못하고 무능력하다거나 어떤 사람에게 혹은 일반적인 세상에 무가치한 사람이라고 가르침을 받았다면 그 아이는 절대로 하나님이 자기를 사랑하신다는 사실을 믿으려 하지 않을 것이다. 우리가 갈망하는 하나님과의 열정적인 사랑의 관계 형성이, 가장 중요한 인물들에게 긍정이나 사랑을 느껴보지 못한 아이에게는 이루어지기 힘들다. 자아 개념이 자기에게 "난 사랑스럽고 유능해."라고 말하는 아이는 확신에 차서 "그리고 하나님께서도 나를 사랑하신다."라고 말할 수 있다. 사랑받을 자격이 있는지에 대해 확신이 없거나 그의 삶의 일을 잘 해결할 수 있는 능력에 대해 회의적인 아이들은 하나님의 무한한 사랑을 받아들이는 데 어려움을 겪는다.

어린이들은 그들의 삶에서 중요한 위치에 있는 사람들로부터 자기들이 사랑을 받을 만한 사람이고 또 유능한 사람이라고 느껴야 하는데, 그 이유는 이들의 메시지가 아이들의 민감한 정신에 감명을 주는 메시지임은 물론 그 사람들이 자신이 알고 있는 하나님과 예수님을 보여 주는 구체적이고 유일한 대리인들이기 때문이다. 어린이들의 하나님에 대한 개념은 애매하고 불확실하다. 구체적인 세계에 살고 있는 어린이들은 보이지 않는 하나님같이 추상적인 개념을 이해하기가 굉장히 어렵다.

하지만 어린이들에 대한 사역의 일부분은 미묘하고 환상적인 이런 세상에 대한 감각을 심어 주는 것이며, 그래서 어린이들이 그것을 구체적으로 묘사하도록 돕는 것이다. 그들이 하나님과 예수님을 이해하는 방법 중 하나는 부모나 유아부 교사들, 목회자들, 신앙 교육 자원 봉사자 같이 그들의 삶을 통제하는 사람들에게 하나님과 같은 성품을 부여함으로 그들을 보고 하나님과 예수님을 알아가는 것이다. 어린이에게 각 사람들은 굉장히 강하고 모든 것을 다 알고 있는 사람으로 보인다. 그들은 아직 성인들이 모든 것을 다 할 수 없고 모든 것을 다 알지 못한다는 사실을 깨닫지 못한다. 그래서 어른이 어린이에게 이야기를 하고 그것이 진실이라고 말한다면 그 어린이의 마음에서 그것은 분명 진실인 것이다. 어른들은 모든 것을 다 알고 있다고 믿기 때문이다. 부모가 아이에게 특정한 방법으로 행동하라고 말한다면 아이는 자신이 그러한 방법으로 행동해야만 한다고 생각한다. 엄마가 아이에게 아이가 할 수 있는 것만 말하며 그러한 엄마는 절대 틀리지 않는다고 믿는 것이다. 그리고 만약 하나님과 예수님의 행동에 관해서 말해 주는 사람이 사랑으로 그리고 그 나이에 어울리는 방법으로 행동하면 그 아이는 하나님과 예수님이 사랑이 풍성한 분임이 틀림없다고 이해한다. 어린이의 영적 양육과 형성에 연루된 우리들은 그들과 함께 행동하는 모든 일에서 이 어린 마음과 심령들에게 하나님의 모델임을 언제나 기억해야 한다.

미취학 어린이

어떤 아이가 학교에 가기 직전의 나이가 되었을 때 그 아이의 믿음은 포울러가 직관투사(Intuitive-Projective)라고 부르는 단계를 통과한다. 미취학 아동은 억압되지 않은 상상의 세계에서 산다. 아이는 자신을 둘러싸고 있는 사물과 세상의 논리에 관해서 개념을 거의 갖고 있지 않다. 아이가 가진 지적·감성적 발달이라는 이 두 국면은 아이의 영적 발달에 큰 영향을 미친다. 믿음의 이야기, 믿음의 상징들 또 믿음의 행위들은 나중에 아이들이 갖게 되는 믿음과 하나님과 영혼에 대한 이해에 거의 영구적으로 정서적 인상을 형성하게 해 준다. 어린이들이 여러 해 동안 교회 생활, 예배 의식, 공동체 생활을 하고 또한 세상에서 하나님의 구속과 삶에서 하나님의 특별한 사역을 알고 거기에 순응하는 가운데 긍정적인 신앙 발전을 위한 기초가 세워진다. 하지만 공포를 느끼게 하는 폭력적이고 분노하는 하나님 이미지, 도덕적 율법주의를 요구하는 무력적인 억압 수단으로 사용되는 성경 이야기, 지옥에서 영원히 고통받게 된다는 상상은 일생 동안 어린이의 신앙에 부정적으로 작용한다.

어린이의 멋지고 때 묻지 않은 순수한 상상력은 성경 이야기에 관심을 갖게 한다. 그들은 하나님의 능력과 사랑과 신비의 경이감에 쉽게 빠져든다. 그리고 그들은 우리가 그들에게 말하는 모든 것을 믿는다. 그러므로 어린이들의 영혼을 돌보는 책임을 맡고 있는 우리들은 그들을 사랑하는 창조주 하나님에 대해서 소개해 주어야 한다. 우리는 예배 의식, 이야기, 공동체 그리고 이 모든 것들을 구체적이고 꾸밈없는 방법으로 이해하도록 돕는 교회 전통을 통하여 그들에게 하나님을 알게 해 주어야 한다.

에릭슨이 볼 때, 미취학 어린이는 '진취성 대 죄의식' 이라는 사회 심리적 단계를 통과하는 중이다. 어린이는 삶의 기본기를 배우고 있다. 이 시기의 어린이는 스스로 먹을 수 있고, 옷을 입고 그리고 스스로 씻을 수 있다(어느 정도의 부위까지). 또 다른 아이나 어른들과 의사소통이 가능하다. 그들은 가위나 크레용 또는 마커를 이용해 무생물의 사물이나 사람들의 있는 그대로의 모습을 표현할 수 있다. 이런 단계가 지나갈 즈음, 많은 아이들이 글자를 깨우치고 간단한 단어들을 읽을 수 있게 된다. 학교라는 세계와 유년기라는 잠복기는 그저 정신없이 돌아다니는 양상을 보인다. 이때 아이는 새롭고 더 복잡한 모험을 향하여 나아갈 채비를 하게 된다.

그리고 바로 그것이 이 기간에 나타나는 위기의 핵심이다. 이 시기의 아이는 모든 것을 탐구하고 모든 것에 의문을 품고, 자신에게 주어진 모든 영역에 손을 내밀어 본다. 아이들의 삶에서 나타나는 이러한 탐구와 질문과 모험에 대해 어른들이 반응하는 방식들이 이 시기의 능동적이고 부정적인 삶의 방향을 결정할 것이다.

절망하고 있는 아이, 비웃음을 당하는 아이, 또는 위험한 일을 하였거나 혹은 어리석거나 터무니없는(최소한 어른의 입장에서 볼 때) 질문 때문에 야단맞는 아이는 강한 죄의식을 갖게 될 것이고, 이 죄의식이 이 아이의 남은 일생을 따라다니며, 그래서 모험적이거나 창조적 사고에 걸림돌이 될 것이다. 하지만 적절한 한계 내에서 모험을 해 보도록 격려를 받은 아이 그리고 질문이 진지하게 받아들여지고 신중하게 대답을 들은 아이는 유연하고 안정적인 성격이 되며, 그 한계들을 마음껏 쓰면서 삶의 능력과 비결이라는 더 큰 감각을 가지고 성장할 것이다. 그 아이는 실패나 좌절의 시기가 별문제가 아니라는 사실을 깨달을 것이다. 어떤 것을 참으로 죄로 느껴야 하는지 또 살아가는 생활 방식 중 어떤 것이 하나님께서 바라시는 길인지도 이해하게 될 것이다. 인격적으로 삶의 주도권을 배우고 이 시기를 통과해 나가는 아이는 마음을 다하고 심령을 다하고 혼을 다하여 하나님을 사랑할 수 있는 아이로 성장할 것이다.

나는 지극히 양육을 잘 받아 성인이 된 두 딸을 둔 친구들이 있다. 이 소녀들은 직업상으로도 성공했지만 둘 다 꾸준히 하나님에 향한 믿음을 추구하고 있다. 이 소녀들이 이렇게 잘 성장한 이유 중의 하나는 어린 시절과 청소년기 시절의 다양한 생각과 관심거리에 대해 탐구해 보도록 기회를 얻었기 때문이라고 생각한다. 아이들의 부모는 인내심을 가진 대담한 사람들이었으며 딸들의 꽁무니를 따라다니는 사내아이들에 관한 질문이나 점잖은 부모가 깔깔대며 방을 뛰어다니게 만들 것 같은 질문까지도 성실히 대답해 주었을 만큼 훌륭한 유머 감각의 소유자였다. 하지만 이 모든 일이 이 가족이 가진 믿음과 사회적 가치와 관계 가치라는 사랑의 경계 안에서 행해졌다. 이러한 양육의 열매가, 뛰어난 젊은 두 아가씨의 삶에서 지속적으로 자라가고 있다.

이 시기에는 특별히, 아이의 신앙 발달이 아이의 지적 발달과 밀접하게 연결되어 있다. 그러므로 우리가 어린이들의 영혼을 돌보는 일에 대해 대화를 할 때는 항상 아이의 마음이 어떻게 작동하는지에 관해 말할 필요가 있다. 미취학 어린이는 자기들의 주변 세계를 어른들이 세계를 이해하는 것과 매우 다르게 생각하고 또 다르게 이해한다. 이는 성인들이 어린이들에게 믿음의 개념과 하나님에 대해 가르치려고 할 때 많은 문제를 야기한다.

어린이들은 구체적으로 또 문자 그대로 이해한다. 아이들이 만일 지속적으로 또 계획적으로 구체적인 행위와 사물과 연결되지 않는다면 추상적인 개념은 이해할 수가 없다. 이것이 성인들이 성경의 교훈을 재미있게 만들어서 그들이 깨닫도록 하는 이유이지만 대부분의 어린이들은 전혀 재미있어 하지 않는다. 예를 들면, 당신이 미취학 아동들에게 예수님이 서로 사랑해야 한다고 말씀하신 것을 가르치는 중이라고 해 보자. 만일 아이들에게 단지 "예수님이 말씀하시길 우리는 서로 사랑해야 한다고 하셨습니다."라고 말하는 것이 전부라면, 아이들은 그대로 앉아서 당신에게 미소 지을 것이고 당신은 모든 것을 알고 있기 때문에 동의하는 의미로 고개를 끄덕일 것이다. 물론 아이들은 이제 예수님이 말한 어떤 것을 받아들이는 것이 필요하다. 그리고 당신은 예수님의 가르침을 성공적으로 전달했다고 생각할 수도 있다.

솔직히 말하면 아이들은 당신이 말하는 것에 관해서 아무런 개념도 없다. 왜냐하면 '사랑' 이나 '다른 사람을 사랑하는 것'은 아이들에게는 추상적인 개념이기 때문이다. 어린이들이 추상적 개념을 이해하도록 하기 위해서는 부모와 선생님들이 이 내용을 구체적인 행위와 연결시키는 것이 필요하고 또 행동이 나올 때나 개념이 논의될 때마다 매번 그렇게 하는 것이 중요하다. 나는 이것을 아이들의 뇌가 추상적인 것들을 이해할 만한 연령에 이를 때까지 모든 구체적인 행동들이 차곡차곡 저장되는 장소인 아이들의 두뇌에 자그마한 추상적인 개념 파일들을 개설하는 것이라고 생각하고 싶다. 이렇게 파일에 저장된 모든 작은 부분과 조각들은 그 다음에 추상적 개념으로 합쳐진다. 그러므로 아이가 다른 사람에게 어떤 친절한 말을 한다면 보모나 부모는 이렇게 말할 수 있다. "그 친절한 말이 제니퍼에게 사랑을 보여 주었다." 그러면 어떤 것을 친절하다고 말하는 구체적인 행위가 '이웃 사랑'의 파일로 저장될 것이다. 혹은 노인들을 위해서 교회에서 생일 카드를 만드는 것이 그분들에게 사랑을 보여 주는 것이라고 교사나 부모가 말한다면 이때 '생일 카드를 만드는 것'은 '이웃 사랑'에 저장된다. 구체적인 행동이 있을 때마다 추상적인 개념과 연결되고, 아이는 더 큰 개념을 이해하는 데로 한 걸음 나가게 된다.

아이의 일생에서 최초의 기간에 이루어지는 적절하고 훌륭한 영혼 양육은 나중에 긍정적인 신앙 여정을 위한 훌륭한 기초가 된다. 어린이들이 하나님과 신앙 공동체를 지적인 방법으로 이해하지 못한다 하더라도 이들은 하나님과 예수 그리고 공동체의 중요성에 관한 지속적인 태도를 형성할 능력은 있는 것이다. 만일 아이들이 신앙 공동체가 안전한 사랑의 장소라고 느낀다면 아이들은 이 공동체의 일원이 되는 것에 대해 긍정적 태도를 보일 것이다. 아이의 부모나 보모가 하나님의 말씀을 듣고 따르는 것이 자기들에게 중요하다는 사실을 드러낸다면 아이는 이런 태도를 따라할 것이다. 아이의 삶에서 중요한 자리를 차지하고 있는 어른이 영적 훈련을 하고 하나님을 예배하고 또한 자신의 영혼을 돌보는 데 노력한다면 그 아이는 자신의 인생에서 이러한 행위들을 따라할 방법을 발견할 것이다. 어린이에게는 영적 이해와 실천이 가르침을 통해서보다는 직접적인 파악을 통해서 이루어지기 때문이다.

어린이의 긍정적 신앙 형성에 대해 유딧 셸리(Judith Shelly)가 쓴, 1980년대에 재발행된 책에 간결하게 요약되어 있다:

아이들은 선천적으로 하나님에게 관심이 있고, 생래적으로 하나님에 관한 의식, 초자연적 감각이 있는데, 가족과 공동체는 이것을 잘 키워 주어야 한다. 어린이들의 형성기 동안 부모와 다른 성인들이 보여 준 행동과 태도가 그 아이의 미래의 영적 성장과 발달이 건전하게 될 것인지 아니면 불건전하게 될 것인지를 결정할 것이다. 영적 발달을 위한 건전한 기초에는 세 가지 중요한 요소들이 있다; 긍정적 강화 요법의 무조건적 사랑, 아이들이 할 수 있는 한계 안에서 자기들의 행동을 책임지도록 하는 실제적 훈련 그리고 신뢰할 만하고 올바른 지원 체계다.[11]

미취학 어린이의 영적 삶의 질은 아이의 부모와 양육자의 영적 삶의 질에 정확히 비례할 것이다.

---

11) Shelly, Judith, The Spiritual Needs of Children, InterVarsity Press, 192, 34.

제3장
믿음을 생활화 하기

CHAPTER

03

하나님께서는 어린이에게 하나님을 알고 그분을 사랑하는 선천적인 능력을 부여하셨다. 어린이들은 날 때부터 강력하게 하나님에게로 이끌린다. 이것이 가정과 신앙 공동체에서 날 때부터 시작하여 그 이후로 양육을 받아야 하는 속성이다.

children's ministry

믿음을 생활화 하기

　어린이가 유아기를 벗어나서 초등학생과 청소년기로 들어가면, 다른 사람들을 신뢰하고, 다른 사람들을 역량 있는 사람과 사랑할 만한 사람으로 파악하는 능력, 그리고 그들의 창의적 정신은 그들을 정서적·신체적·사회적·영적 발달이라는 새로운 단계로 몰아간다. 나이가 몇 살 더 먹은 어린이는 더 행동적이고 더 정서적으로 깨어 있으며, 자기들이 이해하지 못한 내용을 질문하기를 더 좋아하기 때문에, 자기들의 신앙 형성이 꽤 똑바르다는 사실을 가정하려는 경향을 띤다. 우리는 그들에게 어떤 것을 가르치고 그들은 그것을 받아들이며 필요한 것으로 해명하려고 하며 그래서 정보의 전달이 완성된다. 그러나 심리 사회학적 발달에 대한 에릭슨의 단계들과 신앙의 발달에 대한 포울러의 이해는 눈에 보이는 것보다는 이들의 마음과 정신에서 훨씬 더 많은 일이 일어난다는 사실을 명확하게 밝혀 주고 있다.

초등학교 시기는 살아남고 성공하는 데 필요한 기술을 배우고 결합시키는 시기다. 에릭슨은 6세에서 12세에 이르는 어린이들은 '근면 대 열등'의 위기 혹은 단계를 통과하여 나아가는 시기라고 제시한다. 열심히 배우는 시기이므로, 학교생활을 하는 시기의 어린이들은 매우 바쁘게 발전한다. 이 시기를 성공적으로 통과하여 나아가기 위하여 자기가 잘할 수 있는 것이 무엇인지를 발견해야 하며 잘할 수 없는 필수적인 기술들에 있어서는 어떤 기본적인 적성을 발전시켜야 한다. 이렇게 하는 어린이는 자신이 유능한 사람이라고 생각할 것이다. 다른 한편, 학교생활에 적응하지 못하고 기본적 생활을 숙달하지 못하는 어린이는 그 길이 흔들리는 열등감 속에서 이 단계를 빠져나가 인생의 나머지 부분으로 옮겨갈 것이다.

불행하게도 우리 사회는 '필요'와 '적성'이란 단어의 의미 위에 출자금의 액수를 올려놓았다(부모와 사회가 부모 자신과 사회의 필요에 따라 아이의 적성을 생각하고 그 방향으로 모든 것을 투자한다는 의미다-역주). 오늘날의 어린이들에게는, 자신의 관심과 능력에 의하여 윤곽이 정해진 것이 아니라 외적인 영향-사회적 기대감, 대중매체, 다른 어린이들까지-에 의하여 그 윤곽이 정해진 길에서 성공하는 사람이 되도록 커다란 압력이 가해져 있다. 어린이들은 학문적으로, 운동으로 그리고 사회적으로 성공하도록 압력을 받는데, 최고의 대학과 궁극적으로는 가장 좋은 (박식한: 수입이 가장 많고 명성이 있는) 직장에 들어가는 허가서를 받는 게임에서 자기들을 지켜주기를 바라면서 압박에 시달린다. 따라서 보다 많은 어린이들이 필요보다는 더 열등하다는 것을 느끼면서 이 단계에서 빠져나간다.

    분명한 것은 모든 분야에서 성공하도록 어린이들을 광적으로 밀어붙이는 것은 그 어린 영혼을 돌보는 일과는 전혀 관계가 없고 영혼을 파괴할 뿐이다. 올여름 나는 우리 교회가 어린이 프로그램 중 긍정적인 면에서 얻은 것 하나가 이들의 비경쟁적 정신이었다는 사실을 깨달았다. 자원 봉사자들 중 한 사람의 평가를 듣고 어쩌면 이 성경 학교가 다른 사람들과 경쟁하거나 어떤 것에서 성공하도록 요구하지 않은 어린이들의 유일한 여름 활동이었을 것이라는 생각을 했다. 그들은 매일 교회로 왔고 한편으로 단순히 자기들의 소그룹 리더들의 보호를 받아가면서 각종 모양의 케이크를 먹으면서 로켓과 같이 날아가는 거품 물고기들을 만들면서 은혜를 받는 시간을 누렸다.

    교회에서 어린이들의 영혼을 돌보는 우리들은 우리가 행하는 일이 어떻게 어린이들로 하여금 어린이가 되도록 도와주는지에 관해서 생각해야 한다. 우리는 그들이 자기들의 삶에서 매일 겪고 있는, 모두 최고가 되어야 한다는 압박에서 벗어나 휴식을 취하도록 해 주어야 한다. 초등학생들이 하나님을 사랑하도록 돕는 일은 경쟁에서 다른 사람들을 이기고 과학전람회에서 일등을 차지하고 아이비리그 스쿨(Ivy League School)에 들어가는 것과 관계가 없다. 자기가 미식 축구공을 찰 수 있든 그렇지 못하든 하나님께서 자신을 사랑하신다는 사실을 깨닫도록 돕는 것과 관계가 있다. 프랑스어 동사들을 활용할 수 있든 그렇지 못하든 하나님은 그 어린이를 사랑하신다. 비록 그가 여름 성경 학교에 참석하여 학교 성적이 떨어질지라도 하나님은 그 어린이를 사랑하신다. 하나님에게는 열등한 어린이란 없다.

  어린이에게 신앙을 심어 준다는 것은 하나님 나라의 섭리 안에서 이웃을 사랑하고, 자비를 나타내 보이며, 공의를 위하여 투쟁하고, 겸손히 하나님과 동행하는 것임을 깨닫도록 도와주는 것을 의미한다. 그러나 이것은 쉬운 일이 아니다. 나는 매일 내가 '특권을 가진 어린이' 라고 부르는 그들을 연구 대상으로 삼는다. 이 어린이들은 훌륭한 아이들이다. 그들 내에 실질적인 훈련 문제는 없다. 그들은 밝고 즐거우며 쾌활하다. 그러나 그들은 자기들이 가진 것들이 사라진 세상을 상상할 수가 없다. 그리고 그들은 여름에 호숫가에 있는 오두막집으로 갈 수 없거나 겨울에 카리브 해 휴가를 갈 수 없는 세상도 상상할 수 없다. 내가 그들이 알고 실천하기를 원하는 것은, 카리브 해 휴가를 가는 것이 틀렸다거나 죄악 된 일이라는 것이 아니라 그들이 그러한 특권을 가졌기에 동시에 지상에서 하나님 나라를 촉진시키기 위하여 그 특권을 사용할 큰 책임이 있다는 것이다. 이것을 어떻게 가르치느냐에 관한 답변들은, 다음 장들에 나오는 몇 가지 생각들과 연결하면 도움이 될 것이다.

초등학생이 믿음과 신앙 공동체를 이해하는 방식은 어린이의 지적 발달과 본질적으로 연결되어 있다. 학교 시절 기간 동안 한 어린이의 사고와 이성적 판단의 능력은 미취학 어린이의 환상적이고 비논리적인 사고로부터 구체적이고 정비된 사고(언제든지 행동할 수 있도록 정비가 된)로 옮겨간다. 그들은 여전히 반드시 이론적으로 판단을 내릴 수는 없지만, 하나의 논리적 형태로 자기들의 세계를 이해하며 정리해 나간다. 원인과 결과, 공간과 시간의 개념을 이해하기 시작한다. 초등학생에게 하나의 사건이 한 시간 동안 지속되었다고 말하면, 그 어린이는 머릿속으로 그것이 얼마만큼의 시간인지 짐작할 수 있다. 그는 단순하게 어떤 물건들이 어떤 종류의 컨테이너의 내부를 채울 수 있을지 눈으로 보기만 해도 계산해 낼 수 있다. 미취학 어린이는 이러한 일들을 전혀 할 수 없다.

취학 어린이들은 미취학 어린이들보다 더 성경의 문화적 환경을 훨씬 더 잘 이해한다. 그들은 8000년 혹은 2000년이 얼마나 오래전인지를 가늠할 수 있다. 그들은 세계를 둘러싸고 있는 문화들이 각기 다른 방식으로 존속하고 있다고 인식하며, 이는 성경에 나오는 사람들의 문화와 생활 방식이 지금과 매우 차이가 있다는 것을 알려 준다. 이러한 구체적인 이성적 판단 능력은 다른 사람들이 물건들에 대하여 어떻게 느끼는지를 판단할 수 있게 한다. 미취학 아이들은 이기적인 발달 단계에 있기 때문에 다른 사람들이 느끼는 방식으로 고통을 느끼는 개념이 없지만, 취학 어린이는 감정이입의 능력이 있다.

한 어린이의 성장과 자기 세계에 대한 이해의 방법에서의 전환은 그의 신앙에도 영향을 준다. 포울러는 이 믿음 성형의 단계를 공상-사실주의 단계(Mythic-Literal stage)로 묘사한다. 어린이의 신앙 공동체의 상징, 예배 의식, 이야기는 어린이의 인격에 통합되고, 그 어린이는 이러한 것들을 자신의 것으로 떠맡는다. 이것은 그 어린이가 비판적으로 공동체의 신앙을 평가하고 그들이 이해되었기 때문에 그것들을 선택하였다는 것을 의미하지 않는다. 취학 어린이는 이러한 일을 할 이성적 판단력이 없다. 그 대신 그 어린이가 공동체 안에서 빠져들었기 때문에 그가 단순하게 자신이 가장 좋은 것으로 알고 있는 것에게 스스로 몰두한 것이다. 그는 자신이 가장 좋은 존재로 알고 있는 사람들 - 부모, 공동체 안에서 자기를 알고 있는 사람들 그리고 그를 돌보고 있는 사람들 - 을 열심히 흉내 낸다. 이 어린이는 자신에게 평안, 안정, 친구들 그리고 소속감을 제공해 주는 곳을 확인하기 시작한다.

이 단계에 있는 어린이는 다른 사람들의 필요와 감정에 대한 개념이 거의 없는 미취학 어린이의 이기주의적 정신에서 이미 떠나갔다. 초등학생은 배우면서 사회적 상황과 협상을 해 가면서, 다른 사람들을 고려의 대상으로 받아들인다. 그는 자기와 같은 사람을 확인하고, 자기가 행동하는 것과 다르게 행동하는 사람들이 있다는 사실을 인식하게 된다. 세상이 다른 능력들과 바람들을 가진 다양한 사람들로 이루어져 있다는 발육기의 의식은 그에게 인간적 성품들을 지닌 하나님에게 대한 강력한 믿음을 가져다준다. 하나님이 사랑, 친절, 돌보시는 분임이 그에게 이해가 되는데, 그 이유는 그가 사람들이 서로 어떻게 대우해야 하는지를 알기 때문이다. 그는 자기가 하는 것처럼 하나님께서도 기쁨과 고통을 느끼실 수가 있다고 자각한다. 그는 하나님이 단순히 상상 속의 존재가 아니라 자신이 알고 신뢰할 수 있는 어떤 분임을 인식한다.

초등학생은 또한 공의를 강력하게 필요로 한다. 그들은 선이라는 것이 언제나 보상받아야 하고 또 보상될 것이며 마찬가지로 악도 언제나 보응을 받아야 하고 또 보응을 받을 것이라는 순박한 전제를 가진다. 그들은 이러한 전제에서 자기들의 세상과 하나님에 대한 이해를 정리한다.

이러한 이해는 자기의 삶에서 모든 것이 공평해야 한다는 초등학생 고유의 요구에 대한 이유를 밝혀 준다. 초등학생과 경기를 해 본 사람은 다른 팀이 저지른 어떤 위반으로 인하여 또는 경쟁상대로 하여금 날을 세우게 만드는 규칙의 사소한 변경으로 인하여 그들이 얼마나 빈틈이 없는 존재들인가를 느꼈을 것이다. 두 어린이에게 쿠키를 잘라 준 부모는 여덟 살짜리 어린이가 동생보다 자기 몫이 작다고 불평하는 소리를 들었을 것이다. 초등학생의 세계는 회색이 들어설 곳이 없는 흑백논리의 세계다.

옳고 그름에 대한 구체적인 이해는 취학 어린이에게 특별하게 자기들의 삶에 개입된 성인들을 자기 신앙의 모델로 받아들이도록 한다. 이 단계는 어린이들이 옳고 그름을 능동적으로 선택하는 단계다. 그들은 이제 사람들을 대하고, 결정을 하고, 공동체에서 살아가는 법을 발견한다. 그들은 법규가 있고 기대가 있다는 사실을 받아들인다. 그렇다면 어린이 양육자로서 우리는 이 어린이들이 옳은 일을 하고자 하는 바람에 대해서 특별한 관심을 가져야 한다. 우리는 공평하지 않은 것처럼 보일 때라도 성실하게 살아가는 것이 무엇을 의미하는지 그들에게 보여 주어야 한다. 다른 사람들이 불친절할 때에도 친절한 행동을 해야 하는 이유를 그들에게 설명해 주어야 한다. 이때는 아이의 도덕감이라는 기어를 올리는 시절이다. 만일 어린이가 이해관계가 비교적 낮을 때 선을 택하는 방법을 알려 줄 기회를 놓친다면 청소년기에 들어서 이해관계가 훨씬 더 많아지고 높아질 때 우리에게는 엄청난 도전이 다가올 것이다.

십대 초기의 충격

나이가 들면 발달의 단계들을 통과하여 움직이는 속도는 상당히 느려진다. '근면 대 열등'(Industry vs. Inferiority)이라는 위기는 중학교로 진학하면서 끝나지 않는다. 사실상 많은 점에서 그 위기는 어린이에게 더욱 긴급한 것이 된다. 십대 초기 어린이가 점점 독립적이고 전략적이 되어 가면서, 중학교라는 복잡한 사회 구조를 통하여, 그들 중 많은 비율이 근면에 대한 의향에서 열등감으로 옮겨갔다가 다시 되돌아온다.

발전적으로 십대 초기는 구체적으로 정비된 추리 능력에서 추상적인 추리로의 움직임을 보인다. 십대 초창기는 점차적으로 삶이란 실제로 불공평하다는 사실, 선한 사람이 나쁜 선택을 할 수 있다는 사실, 그러한 선택들 중 몇몇은 선한 결과들로 나타나기도 하지만 한편으로는 심각한 타격을 가한다는 사실도 깨닫는다. 그와 동시에, 십대 초기에 경험하는 신체적·정서적 변화가 전례 없는 혼란을 창출하고 그들의 삶에 압박을 가한다. 그들의 신체가 변하고, 그들의 친구 관계가 변하며, 그들의 사회적 배경이 변한다. 십대 초기의 삶의 거의 모든 요소는 10세에서 14세에 일어나는 어떤 종류의 변화를 겪게 될 것이다(그들은 어떤 것은 받아들이고 다른 어떤 것들에 대해서는 저주할 것이다).

십대가 모든 것을 붙잡을 수 있도록 허용되는 이 단계로 들어가면 그의 믿음은 자체의 중요한 변화를 겪는다. 십대 기간은 어릴 적의 신앙에 대한 도전이 시작되어 청소년기까지 계속된다. 이 도전을 신중하게 다룰 필요가 있다. 부모들과 지도 교사들은 이 신앙의 위기를 두려워해서는 안 된다; 이것은 인간 발달 과정에서 자연스러운 부분이고 궁극적으로는 그 어린이가 더 강하고 더 능동적이고 더 실천적인 신앙을 갖는 결과로 나타날 수 있다. 이러한 도전적인 느낌과 의문점들로 가득 찬 십대 초반의 학생들이 하나님을 불쾌하게 한다는 말을 그들에게 절대로 해서는 안 된다. 솔직하고 신실하게 그들의 질문에 대답을 해 주어야 한다.

십대들에게 성경과 신앙 개념들을 가르칠 때, 나는 언제나 방금 전에 논의하고 경험한 내용 중 질문이 있는지 묻고 그 어떤 질문이든지 하라고 말한다. 그 다음 내가 할 수 있는 한 신실하고 정확하게 답하려고 온 힘을 다한다. 그 질문이 거의 어리석은 질문이라고 생각이 들더라도(이 연령의 그룹에게는 누군가가 그룹의 나머지 사람을 선동하여 바보같이 만들기 위한 질문을 하는 경향이 있다), 그 질문과 대답 속에서 진리나 중요한 요점을 발견하려고 애쓴다. 나는 그들이 수많은 질문들을 가졌으며 그 문제에 대해 심각하게 생각해 왔다고 믿는다.

초기 십대들은 삶에 있어서 무엇이 문제인지를 자기들에게 보여 주는 모델 역할을 찾는다. 그들은 전인적(全人的)인 믿음으로 살고 하나님의 소명을 진지하게 고민하는 사람들의 이야기를 듣고 싶어 한다. 그 할아버지가 전쟁 동안 믿음이 자신을 지탱해 주었던 방식에 관한 이야기나 하나님의 사랑을 전달하기 위하여 모든 것을 희생한 선교사 이야기 등, 십대 초기 어린이들은 성실하게 신앙생활을 하는 성인들을 찾는다. 이것은 믿음 형성의 공상-사실주의 단계에 대한 포울러의 평가에 결합된다. 십대 초기 어린이는 가족과 공동체의 신앙에 가입할 것인지 아니면 자신을 위하여 하나의 새로운 길을 만들어 낼 것인지를 결정한다. 그들이 우리에게서 발견하는 모범적 행동은 그들의 결정에 큰 영향력을 미칠 것이다.

어린이 예수 영접

취학 연령기는 많은 교회들과 파라처치 기관들(기독교 단체들)이 어린이 복음화를 강력하게 주창하는 시기다. 믿음의 사람들이 대부분 14세 이전에 신앙이 생겼다는, 오래전부터 인용된 통계치와 보수적·복음주의적 교회가 위기-회심 체험을 강조하며 나열한 성과들은 이 시기에 중요성을 부여하는 방향으로 이끌었다. 전체 교육 프로그램은 어린이가 '열심히 기도하는' 것에 목표를 정하고 그것을 '잃은 자'로부터 '구원받은 자'로 넘어간 선으로 정한다.

불행하게도 일단 열심히 기도를 하게 되면, 부모들과 신앙 지도자들은 자주 "휴, 저 녀석 문제가 해결되었군!" 하고 안도의 숨을 쉰다. 나는 중서부 지역의 대형 교회 어린이 목회자인 한 친구가 있다. 그는 매주 자기의 교육 프로그램 내에서 얼마나 많은 아이들이 구원받았는지 당회장 목사에게 보고해야 한다. 이 숫자는 자신이 가르친 어린이들의 프로그램을 짠 일정량의 결과다. 그러나 진정으로 어린이의 영혼을 돌보는 데 관심이 있는 부모들과 교회들은 일회용 체험이 아닌 하나님과 예수님에 관한 어린이의 지속적인 열심에 관심을 기울일 것이다.

호레이스 부쉬넬(Horace Bushnell)은 어린이의 신앙 형성에 관심을 둔 19세기 뉴잉글랜드(New England) 목사였다. 그는 어린이들이 믿음을 가지도록 힘쓴 부흥사들의 시도를 보고 깊이 고민을 했다. 복음 전도자들은 지옥불과 천벌 메시지를 감수성이 예민한 어린이들에게 전하면서 그 어린이들을 작은 성인들(miniature adults)로 취급하고 있었다. 부쉬넬은 겁을 주어서 하나님 나라로 들어오게 하는 것이 역효과라고 느꼈다. 그는 믿음이 있는 기독교인 가정 출신의 어린이들은 부흥사들이 주장한 위기-회심 체험이 필요 없다고 생각했다.

그의 책 『기독교인 양육』(Christian Nurture)은 어린이들이 하나님을 알고 사랑하는 방법에 대한 그의 시도를 보여 주는 책이다. 부쉬넬은 다음과 같이 말한다: "나의 논증은 어린이가 자신을 다른 존재가 아닌 한 사람의 기독교인으로 알고 자라도록 해야 한다는 사실을 확인시키려는 것이다." [12] 부쉬넬은 기독교인 부모를 둔 자녀들이 가정에서나 교회에서 기독교적인 환경에 너무나 깊이 빠져 있어서 절대로 자기들을 기독교인이 아니라고 생각해 본 적이 없었을 것이라고 판단했다. 그들은 언제나 하나님을 사랑하였을 것이다. 그들은 언제나 예수님을 따를 것이다. 그들은 믿

---
12) Bushnell, Horace, Christian Nurture, Baker, 1979 (Reprinted from the 1861 edition), 10.

음의 사람들로서 성장할 것이다.

 하나님께서는 어린이에게 하나님을 알고 그분을 사랑하는 선천적인 능력을 부여하셨다. 어린이들은 날 때부터 강력하게 하나님에게로 이끌린다. 이것이 가정과 신앙 공동체에서 날 때부터 시작하여 그 이후로 양육을 받아야 하는 속성이다. 우리의 자녀들은 그리스도인이라는 말을 들어야 하고 또한 그렇게 대우를 받아야 한다. 즉 교회의 예전과 예배 의식에 참석하도록 초대를 받아야 하고 공동체의 완전한 구성원으로 대우를 받아야 하며, 공동체를 인도할 기회도 주어져야 하고, 세상을 향한 하나님의 사랑의 표시로서 예수님이 서로 사랑하도록 하기 위하여 우리를 부르시는 것처럼 사랑을 받아야 한다.

 이것이 어린이가 하나님을 사랑하고 예수님을 따르게 되는 방법이다. 그 어린이가 공동체에 참여하기에 합당한 사람으로 인정받기 이전에 한 어린이가 기도를 하기를 기다리는 것은 귀중한 신앙 양육 시간을 허비하는 것이다. 죄와 지옥 이야기로 어린이를 하나님의 팔 안으로 들어오기를 두려워하게 하는 것은 이들의 신관(view of God)을 왜곡시킬 뿐이고 하나님과의 열정적인 사랑의 관계를 맺도록 하기 위하여 나중에 삶에서 버려야 하는 것들을 그들에게 가르치는 것이다. 어린이들이 복음 전도자의 메시지에 응답하여 손을 들고 앞으로 나오도록 요구하는 것은 부모나 선생을 기쁘게 하고 군중을 따르고 상을 받는 잘못된 상식에 반응하도록 어린이들을 부추길 뿐이다.

그런데 이것은 어린이의 삶 가운데서 하나님에게 "하나님 사랑해요. 예수님을 따라갈래요."라고 말하는 시기가 오지 않을 것이라고 말하는 것은 아니다. 나의 어린 시절의 회심 체험이 그와 같은 것이었다. 나는 예수님을 나의 구세주로 영접하는 일을 수없이 듣고 성장했다. 내가 만일 그렇게 영접하지 않으면 지옥에 갈 것이라고 했다. 나는 이것이 나의 부모와 나의 주일 학교 선생님들이 내가 하기를 원했던 것임을 알았다. 그러나 잘못된 이유 때문에 일곱 살임에도 불구하고 그렇게 하지 않았다.

여름에 교회 친구들이 뉴햄프셔(New Hampshire)에 있는 그리스도인 캠프에 갔었다. 그 기간에 그들 중 여러 명이 예수님을 자기들의 구세주로 영접했다. 그들은 기도하고 또 기도했다. 그들은 건물 안에 있었다. 나는 이에 대해서 들었고 이것이 아마도 내가 해야 할 일이라고 생각했다. 그래서 그 주간 내내 예수님을 영접할 필요에 대해서 깊이 생각했다. 단순히 내 친구들이 영접하는 기도를 했다는 이유로 내가 영접하는 기도를 하는 것은 아닌지 확인하려고 했다. 결국 나는 그것이 내가 예수님을 영접하기를 원한 것이고, 단순히 대중이 열광하는 예수님 대열에 편승하는 것이 아니라고 단정했다. 그 주일 아침 내내 나는 홀로 내 침실에 있었고 나는 정식으로 예수님을 영접했다. 그러나 내가 그 순간까지 지내오는 단계들을 바라보았을 때 나의 행동이 내가 들었던 복음 전도자의 적은 말 몇 마디보다는 내 가족과 교회에서 나를 돌봐주었던 사람들의 양육과 더 관계가 있었다고 생각한다.

　　내가 열심히 기도하기 이전에도 내가 그리스도인이었을까? 그렇다고 생각한다. 내가 기도를 드린 후에 더 훌륭한 그리스도인이 되었을까? 반드시 그렇지 않다. 일곱 살짜리 삶에서 변화되어야 할 것은 많지 않았다. 기도는 내가 믿은 내용에 대해서 어떤 명확성과 책임을 제공해 주었다. 그렇게 예수님을 영접한 일은 분명히 내가 다니던 작은 근본주의교회에서 나의 모습을 높여 주었다(물론 나의 어머니가 내 행동을 사람에게 말해 주었다). 그러나 실제로 내가 하나의 세상에서 다른 세상으로 옮겨갔다고 생각하지 않는다.

　　흥미롭게도 그 여름에 캠프에서 기도했던 그 교회 친구들 중 아무도 오늘날에는 예수님을 따르지 않고 있다. 그들이 40년 전에 기도했었다는 이유로 하나님의 나라의 새로운 일원이 될 것인가? 모르겠다.

　　나는 교회가 어린이를 분명하게 복음화하는 일을 다시 짚어 보아야 할 때가 왔다고 생각한다. 전형적으로 사용된 접근 방식들은 어린이의 마음과 심령에 실질적인 열매를 거의 가져다 주지 않는다. 대부분 이 수단들은 어린이 정서와 받아들여지고 사랑을 받으려는 갈망을 이용하는 속임수다.

믿음의 과정

로렌스 리처즈(Lawrence Richards)는 교회가 어린이들에게 믿음을 전형적으로 가르치는 방법에 대해서 오랫동안 관찰하고 비평한 사람이다. 그는 대부분의 교회들이 실제적으로 미취학 어린이들을 양육하고 그들의 영혼을 돌보기보다는 믿음에 관한 인식력 있는 취학 어린이에게 더 관심을 기울인다고 주장한다. 그는 책에서 신앙 공동체에서 어린이의 영적 발달을 지도하기 위한 다섯 개의 과정을 개괄하고 있다.13) 나는 이 주장들이 이머징(신흥) 교회에서 어린이들을 양육하는 데 유익하다고 생각한다.

첫째로, 리처즈는 어린이들이 친밀감을 서로 나누는 과정에 참석해야 한다고 제시한다. 부모와 친척들이 아닌 신앙 공동체 내에서 사람들과의 정서적인 관계는 그들의 영적 양육의 중요한 부분이다. 어른들이 그러한 것처럼 어린이들도 그 신앙 공동체에 속해 있다고 느껴야 한다. "여기서는 어린이들이 환영받습니다!"라고 말하는 것으로는 충분치 않다. 이 소속감은 공동체의 정책과 실천을 통하여 드러나야 한다. 어린이들과의 관계를 형성하는 것은 교육 프로그램 가운데서 그들과 함께 일하는 사람들뿐만 아니라 공동체 전체, 즉 전 교인의 책임이다.

둘째로, 리처즈는 어린이가 함께 참여하는 과정 내에서 지

---

13) 로렌스 리처즈의 다섯 개의 영적 발달 과정들은 Theology of Children's Ministry, Zondervan, 1983, 76에 나온다.

도를 받아야 한다고 언급한다. 긍정적인 영적 양육이 일어나기 위해서 어린이들이 신앙 공동체의 활동과 예배 의식에 참석하도록 허락해야 한다. 어른들이 실질적인 신앙 업무를 하는 반면 어린이들은 교회 건물의 바닥으로 비켜나서는 안 된다. 어린이에게 자신을 위한 일은 물론 공동체 일들을 하는 기회를 제공해야 한다. 신앙 공동체는 의도적으로, 하나님을 예배하고 다른 사람을 섬기면서 자기의 믿음을 표현하는 것과 같은 신앙 활동을 어린이들도 하도록 해야 한다. 덧붙여 말하자면, 어린이들은 신앙 이야기를 듣기만 하는 것이 아니라 실제로 경험해 보아야 한다. 어린이 신앙 교육은 체험적이어야 한다. 어린이는 입체적인 자료, 상상력이 풍부한 연극, 신체적인 활동을 통하여 성경 이야기의 역할극을 해 볼 기회가 있어야 한다. 그들은 어찌하여 각 이야기가 자기들의 신앙생활에 중요한 부분이 되는지 그 이유를 파악할 시간을 경험해야 한다.

영적 발달의 세 번째 과정은 어린이 앞에서 어른들의 삶의 모형화다. 어린이가 이렇게 신앙 공동체에 참석하여 믿음의 사람들의 신앙을 배운다면, 그 어린이는 믿음의 모델을 발견하게 된다. 그 어린이는 투쟁하고 하나님을 의지하고 실수를 하고 죄 사함을 받고 자비와 공의를 위하여 일하고 그 나라를 가치 있게 만드는 어른들을 보게 된다. 이 모형화는 호소력이 강한 교육이다. 즉 수백 개의 성경 이야기를 듣거나 매월 가치 있는 야채동화 비디오를 보는 것보다 신앙 발달에 더 가치가 있다. 어린이들은 그들이 교회 프로그램에서 배운 어떤 성경의 사실들보다도 신앙 공동체 사람들과 그들의 삶을 더 기억할 것이다.

리처즈가 말하는 네 번째 과정은 어린이가 삶의 해석들이 되는 교훈적 과정에서 지도를 받는 것이다. 교회는 신앙에 관한 교훈을 위하여 공식적인 학교식 모델에 지나치게 의존한다. 어린이들은 교실보다는 비공식적·비형식적 교육 수단을 통하여 더 많이 배운다. 쓰기, 예술적인 활동(노래하고 연극하고 그림을 그리는 행위-역주), 봉사할 수 있는 기회 그리고 단순히 밖에서 걷는 것을 통해서 습득한 교훈들은 그들이 노아가 얼마나 많은 아들들을 두었는지 잊어버린 후에도 지속된다.

리처즈가 밝히는 어린이 영적 발달의 다섯 번째 과정은 무엇을 선택하는 일에 있어서 그들을 돕고 격려하는 것이다. 우리 어린이들은 가장 어린 시기부터 훌륭한 선택을 하는 방법을 배워야 한다. 결국 예수님을 따르는 일이 가장 훌륭하고 가장 적절한 선택이다. 우리는 매일 우리 앞에 나열된 선택 사항들 혹은 다른 길로 가도록 유혹하는 선택 사항들을 앞에서 예수님을 따르기로 결심한 선택과 충돌한다. 선택 사항들을 평가하고 그래서 나타나는 좋고 나쁜 결과들을 이해하는 것은 어린이 발달에 매우 중요한 생명과 영혼의 기술이다.

우리는 그들의 초창기 시절에 훌륭한 선택을 하는 방법을 어린이들에게 가르친다. 어린이들에게 옷을 선택하고 음식을 선택하도록 하자. 미취학 어린이에게 젤리 샌드위치와 참치 샌드위치 사이에 무엇을 먹을 것인지 선택하게 하는 것은 큰일이 아닌 것처럼 보이지만, 그것은 어린이의 선택 기술 발달에 도움을 준다. 만일 어린이가 선택하는 일을 좋아하지 않는다면, 선택의 결과들의 중요성을 이해해서 다음 시기에는 더 신중하게 선택하도록 도와주어야 한다. 선택하는 연습은 어린이들이 유익과 기쁨을 주는 선택을 배우는 유일한 길이다.

어린이들은 또한 의도적으로 하나님 안에서 살아가기를 선택하고 무슨 일이 일어나는지를 발견하도록 도전을 받아야 한다. 선택의 결과들을 어린이에게 말해 주면 하나님을 따르는 일이 더 나은 선택이라는 사실을 깨닫고 체험할 것이다. 만일 아이들의 선택을 제한한다면 좋은 결정을 할 재능을 제한하는 것이다. 동시에 우리는 그들이 잘못된 선택을 통하여 배울 것이라는 희망으로 그들의 의지에 전적으로 맡기지 않아야 한다. 적절하고 안전한 행실의 경계선 안에서 선택권들을 제공해야 한다. 어린 십대들을 사역하는 내 친구는 이러한 균형을 어린이를 안전하게 지켜주는 강력한 담을 세우고 그 안에서 탐구할 무한한 자유를 제공하는 빌딩에 비유한다.

하나님께서는 어떤 이유로 생물학적 대가족과 신앙 공동체에서 어린이들을 어른들에게 둘러싸이도록 하셨다. 부모와 다른 어른들은 거기서 어린이들을 지도하고 가르치고 그들의 모델이 된다. 우리는 단추를 어떻게 끼우는지, 숟가락을 어떻게 잡는지, 야구공을 어떻게 던지는지를 가르칠 뿐만 아니라 어린이들과 교제를 나누며 하나님과 예수님의 것을 판단해 준다. 어린이 신앙 형성에 있어서 그 어떤 교회 프로그램, 캠프, 비디오 시리즈 혹은 주일 학교 커리큘럼도 이러한 관계만큼 큰 힘을 발휘하지는 못한다. 경건한 성인들의 영향력이 없이는 그 어떤 어린이도 하나님을 진정으로 알 수 없다. 어린이 영혼을 돌보는 일은 가장 소중한 책임이며, 모든 부모와 신앙 공동체 내에 있는 지도 교사들은 이 일을 중대하게 취급해야 한다.

하나님께서는 어떤 발달 과정을 통하여 인간이 자라도록 의도하셨다. 하나님께서는 초등학생이 성경 이야기를 듣고 어떻게 생각하고 어떻게 믿음을 갖게 되는지에 관해서 알고 계신다. 하나님은 이 모든 일을 이루시는 분이시다. 하나님께서는 우리가 각 연령기마다 그들의 영적 발달을 증진시켜 주는 방식으로 어린이들을 돌보기를 원하신다. 하나님께서는 어린이들의 영혼을 돌보는 일에 신실하기를 원하시며 그리하면 하나님께서는 그 나머지 모든 것을 돌보실 것이다.

제4장
교회 공동체의 역할

CHAPTER

04

긍정적인 신앙 공동체는 사람들이 서로를 보살필 수 있는 곳 그리고 누구도 다른 사람과 떨어져 있지 않는 곳이다. 공동체는 삶의 모든 것이 어떤 수준에서 나누어지는 곳이다; 좋은 것, 나쁜 것, 혼란스러운 것, 부끄러운 것, 놀라운 것 그리고 환상적인 것. 공동체는 다른 사람들에 의해서든 자신의 부적절한 선택에 의해서든 상처받은 사람들이 위로를 받고 치유를 받을 수 있는 곳이어야 한다.

교회 공동체의 역할

　　내가 주일에 교회에서 보내는 시간 중 가장 좋아하는 시간은 두 예배 사이에 사람들과 복도에서 우연히 마주쳐 인사하고 이야기를 나누는 시간이다. 아이들은 내가 어른들과 이야기할 때 정신없이 돌아다니거나 부끄러워하며 대화 중인 부모의 등 뒤로 숨는다. 굳이 깊이 생각하지 않더라도 이 시간에는 모든 세대가 함께 교제하게 된다. 누구도 이 시간에 대해 생각하거나 프로그램을 미리 만들어 놓지 않는다. 하지만 나에게는 이 시간이 교회가 가장 성경적인 공동체처럼 보이는 시간이다. 비공식적인 사교 시간을 위한 커피 타임 목회자가 없어도 잠깐의 대화는 세대 간의 교제를 가능하게 하는 계기가 된다.

몇 년 전에는 예배 시간들 사이에 두 모임이 있었는데 이들은 서로 매우 달랐다. 한 모임에는 커피가 아이들과 청소년들로부터 멀리 떨어진, 어른들의 교육 프로그램을 진행하는 어른들만의 만남의 장소로 배달되었다. 나이 든 어른들과 공허한 현실 안주주의자들은 정신없이 뛰어다니는 아이들과 내성적인 십대들이 들어올 수 없는 이 커피 모임에 거의 하루 종일 머물렀다. 이 비밀스러운 회의실에서 멀리 떨어진 복도 아래에는 일 달러와 잔돈으로 베이글과 크림치즈와 우유 또는 주스를 마실 수 있는 테이블이 있었다. 아이들과 십대들은 매주 자기 부모가 다른 부모들과 이야기할 동안 이 베이글 테이블 주위에 우르르 몰려 있었다. 그 부모들은 대강 45세 전후였다.

이런 시끌벅적한 사교 시간 동안에는 그 누구도 우리 공동체 전체의 모습을 생각해 보지 못했다. 만약 우리가 정말로, 우리의 말처럼, 진실한 신앙 공동체를 만들려고 한다면 이 세대 간에 분리된 사교 시간이 필요 없을 것이다. "베이글 테이블로 가서 커피나 한잔 합시다." 나는 매주 열리는 교역자 회의에서 자주 말했다. 교역자의 대부분은 내가 마치 가족의 기능과 가족의 원동력의 섬세한 조화를 무너뜨리는 이상한 이웃인 것처럼 내게 상냥하게 웃어 주었다. 담임목사님은 내가 너무 많은 의견을 내고 있는 것이 문제라고 말했다.

그러던 어느 날 광고나 토론이 없이 커피 마시는 장소가 베이글 테이블 옆으로 옮겨졌다. 난 아직도 이것이 어찌된 일인지 알지 못한다. 나이 든 어른들 중 몇몇은 예배가 끝난 후 자신들이 평소에 가던 장소에서 커피를 발견하지 못했으므로 굉장히 당혹스러워했다. 그들은 예배를 마친 후에 커피를 마시려면 왼쪽으로 두번을 돌아서 가야 하는 일에 익숙해져야 했다. 시끄러운 아이들과 함께 있어야 한다는 것 때문에 괴로워했지만 인이 박힌 카페인을 구하기 위하여 어쩔 수 없었다. 그렇지 않으면 스타벅스(커피 전문점)로 가기도 했다. 지금은 대부분이 이러한 변화를 잘 따라오고 있고 예배 사이의 시간은 우리가 만들려고 노력하던 공동체, 곧 모든 세대들이 함께하여 그들 스스로 즐기는 공동체 안의 작은 세계가 되어가고 있다.

  교회는 어떤 종류의 사회 공동체이기는 하지만 어린이들뿐만 아니라 교회 안의 모든 사람들의 영적 발전에 근거지가 되는 성경적 신앙 공동체로 만들려고 마음을 다 기울이고 또 열심히 일을 한다. 대부분의 교회는 자기들의 교회가 이런 공동체라고 믿는다. 하지만 단순히 사람들이 당신의 교회에 오는 것 때문에 당신이 신앙 형성에 이바지하는 공동체를 섬기고 있음을 의미하는 것은 아니다. 또 사람들이 단순히 당신의 교회에 오기 때문에 당신이 모든 세대의 다양한 사람들을 환영하는 공동체를 섬기고 있다는 것을 의미하는 것은 아니다.

신앙 공동체 연결

나는 컨네티컷 쇼얼라인(Conneticut Shoreline)의 작은 교회에서 자랐다. 나는 그 교회에서 받았던 가르침 중 많은 부분을 기억하지 못한다. 설교나 주일 학교 공부 중 대부분을 기억하지 못한다. 하지만 사람들은 기억한다. 어린이 성가대의 지휘자요, 성가대 연습이 끝난 후에는 항상 소다와 도넛을 주었던 나이 든 여선생님을 기억한다. 담임목사님의 어머니 루비도 기억하는데 그분은 몇 년인지 계산할 수 없을 만큼 오랫동안 나의 주일 학교 교사이셨다. 나는 내 이름을 알고 내가 교회의 한 부서에서 활동했던 사실을 알고 있는 몇몇 어른들을 기억한다. 그리고 공동체가 함께했던 일들과 어린이들이 어떻게 그 일들에 합류했었는지도 기억한다. 나는 교회 소풍과 포트럭(Potluck; 한 가지씩 음식을 해 와서 나누어 먹는 식사) 저녁 식사를 기억한다. 그리고 나의 친구들과 내가 어떻게 저녁 예배 때 종종 노래할 수 있도록 허락받았는지도 기억한다. 그 음악은 거의 알아듣기 어려운 즉흥적이고 특별한 음악이었지만, 우리를 그 공동체의 일부분으로 느끼게 해 주었다.

나는 어떤 면에서 신앙 공동체의 똑같은 일원으로 자라났고 동일한 일원으로 받아들여졌는데, 이 교회는 미국에서 가장 좋은 교회들의 목록에 든 적이 없었지만, 나의 영적 성장에 도움을 주었고 내 어린 시절의 믿음을 유지하겠다는 결정을 하도록 도와주었다. 종교 교육자인 존 웨스터호프(John Westerhoff)는 "만약 우리의 어린이들이 믿음을 가지려 한다면 우리는 교회가 의미 있는 신앙 공동체가 된다는 사실을 확신시켜 주어야 한다."라고 지적한다.14)

믿음은 진공 속에서 발전하는 어떤 것이 아니다. 믿음을 가지고, 믿음을 이해하고, 믿음을 탐구하고, 믿음에 의문을 갖는 것은 독립적인 행동이 아니다. 이런 것들은 같은 길을 걷거나 같은 길을 찾는 사람들과 함께하는 것이다. 우리보다 나이 많은 사람들, 우리와 나이가 비슷한 사람들 그리고 우리보다 어린 사람들과 함께하는 것이다. 우리와 다르게 보고 다르게 생각하고 다르게 살아가는 사람들과 함께하는 것이다. 다시 말해서, 믿음은 성경적 언약 공동체의 영적 온상에 놓일 때만 성숙할 수 있다. 우리가 아이들을 교회의 나머지 부분에서 격리시킨다면 우리는 전체 공동체의 영적 형성을 가로막는 것이다.

공동체의 특징

웨스터호프는 공동체를 같은 기억과 관습을 공유하는 사람들의 집단이라고 정의했다.15) 즉 공동체는 삶을 함께 공유하

---

14) Westerhoff, John, Will Our Children Have Faith? Harper and Row, San Francisco, 1976, 54.
15) 공동체의 이 특징들은 제3장의 Will Our Children Have Faith?(우리의 어린이들이 믿음을 가질 것인가?)에 나타나 있다.

고 그 삶의 이야기를 공유하는 사람들의 집단이다.

　　내가 대형 교회의 사역자로 일하고 있을 때였다. 담임목사님은 우리 사역자들의 관계에서 친밀감에 큰 가치를 두셨고 우리가 발전할 수 있는 방법 중 하나가 경험을 공유하는 것이라 믿었다. 그래서 우리는 1년에 네 차례씩 함께 휴양의 시간을 보냈다. 몇몇은 휴가를 계획하였고 몇몇은 우리 도시에서 흥미로운 장소를 여행했다. 우리는 스포츠 장소를 둘러보고 지역의 감옥을 방문하고 세계적인 병원의 수술에 참관하기도 하였다. 또 도시의 교회를 방문하여 그 교회 교역자들과 그들이 교회를 어떻게 바라보고 관리하는지에 대해 대화를 나누었다. 우리는 담임목사님의 집에서 하는 비디오 게임인 'game night'에 초대를 받기도 했다. 교역자 모임을 빠질 수 있는 사람은 도시 밖에 있거나 죽을 만큼 아픈 사람뿐이었다.

　　그렇게 하면서 우리는 더 많은 경험을 공유했고 교역자로서 점점 더 가까워졌다. 우리는 작은 공동체가 될 만큼 친밀해졌다. 지금도 그 사람들과 만나서 그때의 경험에 대해 이야기하곤 한다. 우리는 삶을 함께 공유하고 기억하는 것을 통해 공동체가 되었다. 우리의 아이들이 어릴 적에 신앙 공동체에 대한 좋은 기억을 발전시킨다면 그들은 신앙 공동체와 함께 삶을 공유할 수 있는 기회를 얻는 것이다.

　　둘째로, 웨스터호프는 공동체란 같은 목표와 목적을 공유하는 사람들의 모임이라고 제시한다. 그것은 공동체적 성취를 향해 함께 일하는 사람들의 모임이다. 거기에는 사람들을 하나로 결속시키는 하나의 목표에 도달하기 위해 함께 사업을 조사하거나 함께 상황을 통과해 나아가는 어떤 것이 있다. 거기에는 또한 하나의 목표를 공유하거나, 그룹들로 하여금 차이들, 심지어는 그 차이 가운데 들어 있는 즐거움까지도 제쳐두게 하는 동일한 상황에 따른 성과를 요구하는 어떤 것이 들어 있다. 하지만 만약 공동체가 상반되는 목표를 가지거나 조직 내에서 반대의 꿈을 꾸는 사람이 있다면 그 공동체는 결코 진정으로 삶을 공유할 수 없을 것이다. 사람들은 이런 반대되는 목표와 결과 때문에 서로를 진심으로 신뢰하지 못할 것이다. 믿을만한 공동체는 공동체 안의 목표와 목적에 불화가 있을 때는 절대 만들어지지 않는다.

공동체의 세 번째 특징은 공동체의 정체성이 명확하다는 것이다. 자신을 다른 사람과 독립된 명확한 주체로서 이해하는, 인격적 정체성은 건강한 정서적 성장에 필수적이다. 만약 우리가 가족, 친구, 문화의 한 부분인 것을 인지하지 못한다면 우리는 지속으로 새로운 정체성을 찾으려 노력할 것이고 이는 우리가 다른 사람과 친해지는 것을 막을 것이다. 이 일은 그룹 공동체에서도 일어날 수 있다. 만약 공동체가 그들이 누구인지 그리고 그 공동체의 행동과 삶의 의미가 무엇인지에 대한 정확한 청사진이 없으면 그 공동체는 지속적으로 새로운 정체성을 찾으려 노력할 것이고 그렇게 되면 구성원들 사이에 혼란과 갈등이 생길 것이다.

마지막으로 웨스터호프는 구성원의 영혼 보호에 도움을 주는 신앙 공동체는 최소한 3대로 구성되어야 한다고 기술한다. 공동체의 발전이 이야기와 관습 그리고 기억을 나누는 일에 의존하고 있기 때문에 새로 온 사람이나 어린이들에게 공동체의 전통이나 과거의 기억될 만한 일들을 잘 전달하는 구성원들이 있어야 하는 것이다. 앞에서 언급했던 대형 교회의 나이 든 교역자들은 자주 수년전의 성공 사례나 곤란했던 일들을 새 교역자들에게 들려주어서 그들이 동화되도록 도왔다. 하나의 공동체는 공동체의 목표와 목적을 잘 전달하고 어린이들에게 공동체의 정체성을 수립해 줄 수 있는 사람들을 모시고 있어야 한다.

동시에 공동체의 어리고 새로운 구성원들은 새로운 전통을 창조하거나 오래된 것들에 대한 새로운 이해를 창조해야 한다. 젊은 사람들은 새롭고 도전적인 방법을 통하여 하나님의 이야기를 회고하고, 공동체 내의 이야기는 공동체의 나이 든 사람들을 과거로 돌아가게 반영시킬 것이다. 3세대 이상의 사람들이 의사소통에 동참하는 것은 공동체와 구성원들의 정신적 발전을 위해 필수적이다.

내가 몸담고 있는 공동체는 어른들, 아이들 그리고 십대들이 서로 만나고 서로 알아가고 또한 공동체의 이야기를 알아가고 결과적으로 함께 행동하기를 바라는 마음에서 각 세대들이 함께하는 행사를 개최한다. 봄마다 우리는 전 교인 수련회를 간다. 공동체의 20% 정도 되는 사람들이 북부 미네소타(Minnesota) 야영지로 약 4시간 정도 여행을 하므로 전 교인이란 명칭은 약간 틀린 표현이다. 하지만 이 행사에 참여한 사람들의 세대는 우리의 공동체를 대변한다. 우리는 각 연령대가 만족하는 여러 프로그램을 짜서 제공하는 것이 아니라 모든 세대가 참여할 수 있는 활동을 준비한다. 그룹 게임을 하고 토끼뜀을 하고 포크댄스를 추고 모든 연령대의 사람들과 예능인이 참여하는 장기 자랑의 밤을 연다. 이를테면 96세의 할머니가 6세의 스즈키 바이올린 연주자에게 시를 낭송하는 것이다.

수난 주간의 화요일에 우리는 사순절의 시작을 표시하는 팬케이크 저녁 식사를 했다. 교회 공동체의 모든 사람들이 초대받고 함께 파티를 한다. 팬케이크를 실컷 먹고 얼굴 페인팅을 하고 밝게 색을 칠한 사육제의 날 마스크를 하고 비눗방울을 불며 팬케이크 경주에 참가했으며 바보 같은 노래를 부르고 사순절 기간 동안 손을 흔들며 '할렐루야'로 작별 인사를 한다. 이 행사가 관습이 되고 공동체가 공유하는 기억과 이야기의 한 부분이 되길 원했기 때문에 매해 다른 프로그램을 준비하지는 않는다. 우리는 아이들, 어른들, 십대들이 각 세대가 참여하는 수난 주간의 화요일 팬케이크 저녁 식사의 교훈을 전해 주기를 바란다.

공동체 행사에서는 놀라운 일들이 많이 일어난다. 모든 연령의 사람들이 만나고 보고 이야기하는데 이는 아마도 처음 있는 일일 것이다. 나이 든 사람들은 다른 사람들의 아이를 보살핀다. 그들은 주일 아침에 공식적인 방법으로 그 일을 하려고 전혀 생각해 보지 않았을 것이다. 아이들은 자유롭게 함께 활동하거나 빠지거나 하면서 드나든다. 이것은 공동체 삶의 다른 부분으로도 파급된다. 우리는 처음 몇 년 동안 교회 전체의 휴가를 개최했고 캠프에 참석하는 모든 사람들을 대형 버스에 태워 북쪽으로 실어 날랐다. 한 어린 소녀는 버스에서 몇 분의 어른들에게 환대를 받으면서 즐거운 시간을 보냈다. 소녀는 이 사람들을 버스 여행과 수련회를 통하여 기억하게 되었다. 그 다음부터 그 소녀가 일요일 아침에 공동체 활동에 들어오면 언제나 그 사람들과 인사를 나눈다. 그녀의 교회생활은 계속 이어졌다.

우리는 종종 공동체를 ZIP 코드나 신앙체계, 소득 계층처럼 특별한 무언가를 공유한 사람들의 모임이라고 생각한다. 그렇지만 배타성은 성경적 신앙 공동체의 특징이 결코 아니다. 모든 사람이 공동체에 오도록 환영을 받으며 무슨 일이든지 참여가 가능하다. 참된 기독교 공동체는 우리가 다른 사람들과 관계를 맺고 세우기를 요구한다(선한 사마리아인을 기억하는가?). 사회가 점점 더 경제적·정치적 그리고 인종적으로 계층을 나누고 있으므로 포괄성을 실례로 나타내는 것이 신앙 공동체에게 더 중요한 가치가 되었다. 진실한 사랑, 모든 것을 감싸 안는 일, 다양한 신앙 공동체는 배타적인 영국계 신자 중심의 복음주의적 메시지보다도 더 크고 감동적으로 세상을 향한 하나님의 사랑의 모델이 된다.

긍정적인 신앙 공동체는 사람들이 서로를 보살필 수 있는 곳 그리고 누구도 다른 사람과 떨어져 있지 않는 곳이다. 공동체는 삶의 모든 것이 어떤 수준에서 나누어지는 곳이다; 좋은 것, 나쁜 것, 혼란스러운 것, 부끄러운 것, 놀라운 것 그리고 환상적인 것. 공동체는 다른 사람들에 의해서든 자신의 부적절한 선택에 의해서든 상처받은 사람들이 위로를 받고 치유를 받을 수 있는 곳이어야 한다. 신앙 공동체는 하나님의 사랑과 용서로 모든 이에게 모델이 되는 은혜가 충만한 장소가 되어야 한다.

제5장
공동체에서 어린이

CHAPTER

05

당신이 어린이 사역자라면 당신은 어린이들과 함께 일할 수 있는, 자발적으로 헌신하는 자원 봉사자를 발견하기가 말로 다할 수 없이 어렵다는 것을 알 것이다. 교회의 어른들이 그 공동체 내에 있는 어린이들과 접촉하는 일의 중요성을 깨닫지 못한다는 사실이 얼마나 부끄러운 일인지 모른다!

공동체에서 어린이

　　최근에 우리 교회의 미취학 아동들은 신앙 공동체의 어린이들의 삶을 강조하기 위하여 드린 예배의 한 부분으로 하나의 찬양을 불렀다. 이들 중 많은 아이들이 각각 또 매주 함께 하나님의 이야기를 듣고 하나님에게 예배드리면서 공동체에서 함께 살아왔다. 그들은 하나님의 임재 속에 살아가는 것이 무엇을 의미하는지, 하나님을 찬양하는 노래를 부르는 것이 무엇을 의미하는지에 대해 배웠다. 그들 중 많은 어린이가 예배 때 찬송을 부르는 것이 어떤 퍼포먼스보다 그리고 성인들을 즐겁게 하는 것보다 그 이상이라는 사실을 파악했다(그것은 모든 세대가 하나님 예배를 돕는 일에 관한 것이었다).

몇몇 아이들은 우리 교회와 연관은 있지만 우리 공동체를 통해 믿음을 경험할 수 있는 정규 부서에 속하지 않았는데, 사람들은 그 어린이들의 행동과 태도에서 어떤 차이를 발견할 수 있었다. 공동체 가치 속에서 꾸준히 형성된 어린이들의 믿음과 태도는 이 경험을 하지 못한 어린이들과 눈에 띄는 차이가 있다. 신앙 공동체는 우리가 그것에 대해 의식적이든 아니든 간에 우리의 믿음, 경험, 행동, 태도를 형성해 준다. 그리하여 하나님을 사랑하고 예수님을 따르도록 아이들에게 긍정적인 영향을 미치는 신앙 공동체가 되게 한다.

그러나 무엇이 공동체 사역을 만드는지 이해한다는 것은 그림의 일부분일 뿐이다. 우리의 어린이들이 잘 자랄 수 있는 공동체를 만들기 위해서는 긍정적인 공동체 삶이 왜 그들의 믿음 형성에 필수적인지에 대해 생각해야 한다. 일찍이 우리는 공동체가 어떻게 아이들에게 영향을 미치는지 알게 되었고 그럼으로 인해 공동체 없이는 아이들을 제대로 양육하는 것이 불가능하다는 사실을 명백히 깨달았다.

소속감

사회과학자 스티브 샌디즈(Steve Sandage)는 여러 신앙 공동체를 연구한 후 그 공동체의 구성원들에 대한 영적 보살핌과 신앙 형성에 특별한 영향을 미치는 공동체 삶의 다섯 가지 특징을 밝혀냈다.

이 특징 중 첫 번째는 소속감 혹은 그의 신앙 공동체에서 개인 체험을 수용하는 수준이다.[16] 어떤 사람이 한 그룹에 대해 감정적 친밀감을 느끼고 개인적 진실을 말하기에 충분할 만큼의 안정을 느낄 때, 하나님의 사역에 자신을 헌신할 수 있다. 우리는 자주 소속감을 단지 하나의 사회 그룹의 일부분이라는 느낌으로 정의한다. 집단에 의해 받아들여지는 실질적인 느낌의 일부분이라고 하지만 이것은 진짜 소속감에 대한 피상적인 이해일 뿐이다. 소속감에 대한 실질적인 시험(테스트)은 사람이 보복이나 배척에 대한 두려움 없이 자원하여 그 그룹에서 다른 사람과 진실하고 투명하고 진실하고자 하는 것이다.

나는 언젠가 대형 교회 공동체의 일부분에 속한 작은 여성 그룹의 회원이었다. 나는 이 여성들을 존경했고 그들과 견고한 우정 관계를 발전시키길 바랐기 때문에 이 집단의 활동에 참여하도록 초대받고 의기양양했었다. 나는 이 여성들을 신뢰하고 또한 그들이 나를 받아들였다고 믿고서 숙고한 후에 결정을 내렸다. 나는 그 모임에서 사생활의 이러저러한 일들을 말했고 그 당시 내가 어떤 사람인지에 대해 솔직하게 말했다. 이 여성들은 단 한 번도 내가 가고 있는 길에 있었던 난관들 가운데서 나를

---

[16] 나는 개인적 대화에서 나온 스티비 샌디즈(Carol Aubrey의 작품과 Tammy Ohland의 작품)의 사상과 그의 논문 "Weaving The Fabric of Faith", Marriage and Family: A Christian Journal, Volume 2, Issue 4, 381-398을 참고했다.

도와주는 데 관심이 없다고 말하지도 않았고 그러한 내색도 보이지 않았다.

내가 몰랐던 것은 그들이 나를 그 당시 처한 '가난한 생활수준'이냐 아니면 '높은 생활수준이냐'로 바라보고 있었다는 것이다. 나는 그들에게 나 자신에게 있는 모든 것을 솔직하게 말해 주었다. 그룹이 해산된 후 얼마 지나서 그들 대부분이 나와 상대하고 싶지 않았기 때문에 그 집단이 해산되었다는 사실을 알게 되었다. 나는 배신감을 느꼈고 부끄러웠다. 내가 말하기 시작할 때 그 이야기를 하는 것을 원치 않는다고 미리 언질을 주었더라면 그 모임의 특징을 이해했을 것이다. 나는 내가 소속되었다고 생각했고 내가 받아들여졌다고 생각했다. 그것이 진실이 아니라는 것을 알게 된 것은 굉장한 충격이었다.

신앙 공동체들은 그들이 얼마나 소속감의 저울에 충실한지 그리고 그들이 다른 사람들을 얼마나 받아들이기를 원하는지에 대해 검토해 보아야 한다. 받아들이고, 받은 은혜를 나누고, 다른 사람들을 자기들의 일부분이 되도록 문을 여는 공동체는 참된 신앙 형성과 영혼 보살핌이 가능한 공동체가 될 것이다.

소속감은 어린이들에게 말할 수 없이 중요하다. 어린이들이 교회의 문을 나가고 들어올 때 자기들이 어른들 만큼이나 환영받고 가치 있는 존재로 평가받고 있다는 사실을 알도록 해야 한다. 어린이들의 영혼을 돌보는 일은 어린이들이 교회를 자기들의 교회로 아는 것에 달렸다. 그들이 문을 들어오고 나갈 때 자기들이 마주치는 사람들의 이름을 알아야 한다. 그리고 그 어른들은 아이들의 이름을 알아야 한다.

우리 교회 음악 목사님의 어린 딸은 그녀가 복도를 걸어갈 때 사람들이 그녀의 이름을 부르고 안아준다는 단순한 이유로 교회에 오는 것을 굉장히 좋아한다. 그 사람들은 그 아이가 매주 보는 사람들이다. 이 사람들은 그녀의 공동체 경험과 영적 체험에서 중요한 부분을 차지한다. 아이들도 어른들과 마찬가지로 인사하는 사람들에게 인사를 받아야 한다. 그들은 예배에서 어른들과 함께 일할 기회를 갖는 것이 필요하다. 우리 교회 안내원 중 한 명은 언제나 자기 딸을 옆에 세워 놓고 자기를 도와서 예배당에 도착하는 사람들에게 주보를 전해 주도록 한다.

나는 몇 달간 어느 교회에서 일한 적이 있는데, 그 당시 방학 성경 학교를 계획하는 모임에 나갔다. 우리는 방학 성경 학교의 미취학 아동 분야에 관해서 토론하고 날씨가 험할 경우를 대비하여 부수적인 게임을 준비하고 있었다. 나는 만약 비가 온다면 아이들을 위층 예배당 밖에 있는 커다란 열린 공간으로 데려가자고 제안했다. 회의에 참석한 다른 여성들은 마치 내가 다른 행성에서 갓 도착한 사람인 것처럼 바라보았다. 마침내 그들 중 한 명이 "아이들을 위층으로 데려가는 것은 허락받을 수가 없잖아요."라고 입을 열었다. 나는 그 말을 믿을 수 없었다. 나는 필요하기만 하다면 아이들을 위층으로 데려갈 수 있을 것이라고 확신 있게 말했다. 다행스럽게도 내가 제시한 해결책을 실제로 시험할 기회는 오지 않았다. 하지만 아이들에게 허락되지 않는 장소가 교회에 있다는 사실이 계속 나를 어리둥절하게 했다. 교회 건물 가운데 그 어떤 장소도 아이들에게 제한 구역이 되어서는 안 된다. 한마디로 말하면, 내 친구가 늘 하는 말처럼, 이곳은 교회이지 박물관이 아니다.

이러한 교회가 만들어 낸 치명적인 실수 중 하나는 아이들을 공동체의 값진 구성원으로 보기보다는 단순히 교회 서비스의 한 대상으로 본다는 것이다. 우리의 어린이들은 공동체 전체에 대한 어린이들의 독특한 공헌으로 인하여 또 그들의 인격과 기질로 인하여 다른 세대 사람들에게 인정받아야 마땅하다. 그들은 교회 건물에서 자신들의 것이라고 부를 수 있는 공간이 필요하며, 자기들이 그 교회 어른들의 공간에서도 환영을 받는다는 사실을 알게 해 줄 필요가 있다. 어린이들이 그 교회에 소속되었다고 느낄 때 그들은 자기들에게 제공되는 공동체의 좋은 것들을 받아들이려고 마음을 열 것이다.

신뢰

신앙 공동체는 샌디즈가 '도덕적 신뢰'라고 부르는 그것을 교회 구성원들이 발전시키도록 도와주어야 한다. 이것은 공동체의 권력 구조에 대한 그룹의 인식과 관계되어 있다. 공동체의 지위와 등급은 그룹의 지도력을 예상 가능한 것으로 보는가?

반대로 지도권이 흩어져 있거나 혹은 변덕스러운 것처럼 보이는가? 지도부는 들려오는 모든 음성에 귀를 기울여야 하는가? 아니면 지도부가 모든 결정을 꼭대기로부터 하달 방식으로 내려 주는 것인가? 권력과 권위가 어떻게 공동체의 지도자들을 통하여 나타나고 사용되는가? 이 질문들에 대한 답은 지도부에 대한 공동체 신뢰의 정도와 밀접한 연관이 있다.

신앙 공동체는 그 구성원들의 긍정적인 영적 성장을 돕기 위해 반드시 안정되고 믿을 만한 가치가 있음을 보여 주어야 한다. 안정되지 못한 공동체는 구성원들을 신뢰할 만한 사람이 되도록 만들어 주지 못한다. 안정되지 못한 공동체는 사람들이 상처받는 것을 고려하지 않으며 그 구성원들이 자기들의 믿음을 탐구하고 질문하고 믿음과 영적 성장에 필요한 필수적 요소들에 대해 객관적으로 생각할 수 있는 환경을 제공하지 못한다. 하지만 윤리적으로 믿을 만한 지도부와 공동체는, 믿음과 삶이 보복이 없이 그리고 절대적 확실성에 대한 기대감 없이도 시도될 수 있는 곳이다.

우리 어린이들은 신앙 공동체의 지도부나 통치 유형에 대해 이해할 수 없지만, 공동체가 자기들에게 안전이 보장된 곳인지 아닌지에 대해서는 이해할 것이다. 해(害)로부터 안전하고 보살핌을 받는다고 느끼고, 어린이들의 공간이 위험 요소가 없는 공간이며, 위급 상황 시에 누군가가 자기들을 돌보아 줄 것이라는 환경을 만들어 줌으로 신앙 공동체의 신뢰를 받을 만 한다는 사실을 보여줄 수 있다. 어린이들은 자기들에 대한 행동 기대가 타당하고 자기들의 능력 범위 안에 있을 때 그 환경을 신뢰한다. 그들은 한계와 영향력이 사랑스럽고 명백하고 일관성이 있을 때 주변의 어른들을 신뢰한다.

 10~15년 전에 교회들은 교회 프로그램에서 봉사하려고 자원한 사람들의 배경에 대해 알 필요가 있다는 사실을 점점 더 깨닫기 시작했다. 전반적으로 본다면 이것은 좋은 일이다. 배경 조사와 안전 점검은 교회 공동체 내의 부모들이 아이들을 위한 장소가 안전하다는 느낌을 받도록 도와주며, 사악하고 또 말로 표현할 수 없는 방법으로 아이들을 희생 제물로 삼으려는 사람들로부터 공동체 안의 상처받기 쉬운 사람들을 보호한다. 그것들이 그 공동체를 믿을 수 있는 공동체로 만든다.

 그러나 나는 이러한 안전장치와 절차들이 신앙공동체로 하여금 성경적 의식을 견지하기 위하여 필요로 하는 존재가 되는데 있어서 어떻게 방해하는지 연구할 필요가 있다고 생각한다. 최근에 나는 미국 전체에서도 이름난 대형 교회에서 온 어린이 사역자들과 3일 동안 토론했다. 그 하나는 자기들의 교회에서 했던 조사와 보호 절차에 대해 정보를 나누는 것이었다. 먼저 한 사람이 자기 교회 구내를 무장을 한 경찰이 순찰을 돈다고 이야기했다. 이 교회는 대도시의 저소득층이 사는 지역이나 전쟁터에 위치하고 있지 않다. 오히려 미국 중앙 부유한 교외 지역에 위치하고 있다. 나는 무장한 경찰이 성경적 신앙의 공동체 중앙에 그리고 범죄에 대한 위험이 존재하지도 않는 곳에 있어야 하는지에 대해서는 전혀 확신하지 못하겠다. 예수님의 가르침은 사람들을 하나님 나라로 안내함으로 세상을 좀 더 좋은 장소로 바꾸는 일에 관한 말씀이었다. 예수님은 자기 제자들이 자기들의 작은 공동체 내에서 서로 사랑하는 방법을 통하여 세상의 믿지 않은 사람들이 그들을 주의 제자로 인정할 것이라고 말씀하셨다. 교회 공동체 안에 무장한 경찰을 허락하는 것은 서로를 믿고 하나님을 의지하고 사랑하는 사람들의 집단이라는 그림을 제공해 주지 못한다.

이 어린이 사역자는 계속하여 어린이 사역을 하는 건물을 매주일 어떻게 잠가 놓는지 이야기했다. 부모들과 아이들은 오직 교회에서 발행한 ID 카드를 제출해야 출입이 가능했다. 만약 부주의하게 이 카드를 집에 놓고 온다면 다시 집에 가서 카드를 가지고 와야 하고 그렇지 않으면 건물 안으로 들어가지 못한다. 우리는 모든 사람을 환영하는 성경적 신앙 공동체의 진정한 필요성과 함께 위험 관리 절차에 진정한 필요를 만족시켜 주어야 한다. 우리는 "이제 그만! 우리가 이곳에 지금 가진 것이 충분히 우리 아이들을 보호해 줄 것이고 하나님이 원하시는 사랑 넘치고 믿을 만한 공동체가 되게 만들어 줄 것이다."라고 말할 수 있는 용기를 가져야 한다.

긍정적인 성경적 공동체는 어린이들의 건강한 영적 성장을 위해 절대적으로 필요하기 때문에 공동체 내의 상처받기 쉬운 사람들을 보호하려는 필요성과 전체 공동체의 필요성 사이에 균형을 잡는, 굉장히 조심스러운 일을 우리가 해야 한다. 만일 아이들에게 너무나 지나친 보호막을 제공해서 아이들이 충만하고 참된 공동체를 경험할 수 없다면 우리는 아이들이 하나님 나라의 일부분임을 부인함으로 그들을 학대하는 것이나 다름없다.

선물 나누기

소속감과 신뢰는 공동체를 통한 영적 성장의 세 번째 요소로 길을 열어 준다. 그것은 서로 선물 나누기다. 공동체는 구성원들이 자기들이 받은 은사를 나누도록 또 자원을 나누도록 환영받고 초대를 받았다고 느낄 때 이런 특징을 드러낸다. 이것은 영적 은사의 나눔뿐만 아니라 환대나 관대함, 치유 그리고 개인적인 능력 같은 것을 나누는 것도 포함된다. 공동체를 섬기도록 허락받은 사람들이 공동체를 가능한 한 유효하게 사용하는 경향이 있으며 공동체를 향하여 매우 호의적인 느낌을 가지는 경향이 있다. 자기들의 능력과 은사를 공동체의 안녕을 위해 사용하도록 허락받은 사람들은 가장자리에 앉은 사람들보다 좀 더 참여하려는 성향을 띤다.

어린이들과 함께 일하는 사람들로서 우리는 어린이들의 은사와 능력이 신앙 공동체의 삶 안에서 사용될 수 있는 방법을 찾아야 한다. 일찍이 나는 주일 오후 예배에 내 친구들과 노래 부르도록 어떻게 허락받았는지 언급한 바 있다. 그리고 미숙한 피아니스트로서 나는 때때로 예배 시간에 피아노를 치도록 요청받기도 했다. 그 교회 내의 더 큰 신앙 공동체 내에서 나의 작은 재능을 사용해 보라는 제안은, 그 작은 교회에 대한 나의 소속감과 관계성을 형성하는 데 도움을 주었다. 나의 최근 사역한 교회에서 매월 한 번씩 예배 시간에 어린이들을 강사로 세웠다. 강사 어린이는 예배를 이끌고 성경 구절을 읽는다.

공동체의 공 예배에서 어린이들의 은사와 능력을 사용하게 하는 열쇠는 계획적으로 어린이들의 정체성을 확인하고 또한 공동체의 유익을 위하여 어린이들의 은사를 사용하도록 제안하는 것이다. 너무나 자주 우리는 어린이 사역이 어린이들을 위해 무엇인가를 하는 것이라고 생각한다. 어린이 사역이 단순히 어린이와 함께하는 일이 아니라 그들로 하여금 어른들을 향한 사역을 하도록 허락하는 일이라는 데까지 우리의 생각을 확대해야 있다. 하지만 우리는 어린이들이 공헌할 수 있는 것에 대해 그리고 공동체의 다른 세대들을 위한 의미 있는 공헌의 방법이 무엇인지 창조적으로 접근해야 한다.

우리 교회에서는 모든 세대들을 향해서 의미 있는 창조적 예배 체험을 시도했다(다음 장에서 더 살펴보자). 우리가 시도한 한 가지 방법은 아이들이 예배를 도울 무언가를 만들어 보는 것이었다. 아이들은 오병이어 기적의 설교에 앞서서 그 전 주일에 빵을

굽는다. 베드로가 물 위를 걷고자 하는 설교를 듣기 전 주일에 아이들과 나는 큰 포스터 사이즈의 그림을 그렸다. 그리고 다음 주일, 나는 모든 사람들이 볼 수 있도록 그림을 높이 쳐든다. 매주 시각적 자료를 사용하길 바란다는 어른들도 있었다.

미취학 어린이 사역의 나의 조력자는 교회의 리더들에게 격려를 하는 사역을 하면서 아이들을 참석시켰다. 일 년에 몇 번씩 어린이들은 "우리는 당신을 위해 기도합니다."라고 쓰인 그림물감 카드를 만든다(물론 그들은 주일 아침 어린이 예배 때 그 지도자들을 위해 기도한다). 그리고 이 카드를 교회 위원회 구성원들에게 보낸다. 나는 지도자들 중 한 사람에게 e-메일을 받았는데 그는 사업가로 미취학 아동 사역에 대해서는 오랫동안 전혀 아는 것이 없었다. 그런데 이 사람은 이 카드를 받은 것이 이 교회를 몇 년 동안 다니면서 일어난 일 중 자기를 가장 격려해 준 일이었다고 고백했다.

어린이들이 교회에서 자기들의 은사와 재능으로 봉사할 수 있는 기회를 주는 것은 그들을 신앙 공동체의 일원으로 굳혀 주고, 그들을 알고 사랑하는 사람들과의 견고한 기초를 제공한다. 이것은 아이들이 청소년과 청년이 되었을 때 엄청난 영적 유익을 가져다준다. 이 기회들은 어린이들의 영적 성장에 매우 소중한, 즉 신앙 공동체에 소속되었다는 느낌을 증진시킨다. 그리고 어른들이 어린이들로부터 그 선물을 받아들이고 어린이들이 자기들을 돕도록 허락할 때 그 어른들도 영적으로 성장한다. 이것은 믿음의 사람이 된다는 것이 무엇을 의미하는지 생각하게 해 준다.

시민 의식

시민 의식이란 구성원들이 자기들의 교회가 자신이 더 광범위한 공동체의 더욱더 선한 일에 기여하고 또한 세계에 기여하는 방법을 찾도록 도울 것이라는 공동체 구성원의 의식을 의미한다. 긍정적인 신앙 공동체는 내향적 성찰이 아니다. 긍정적인 신앙 공동체는 그 구성원에게 하나님이 창조하신 세상에 더 큰 책임을 가졌다는 사실을 깨닫게 도와주는 것이지, 단순히 그들의 가족이나 그들과 같은 도를 믿는 다른 사람들에게 책임감을 가지는 것이 아님을 깨닫도록 도와준다. 긍정적인 신앙 공동체는 '세상'을 불쾌하다고 느끼는 사람들에게 대안적인 하위문화를 제공하는 기독교 게토(Christian ghetto) 이상이 되려고 노력한다.

불행하게도 나는 아이들이나 십대들을 향하여 특별히 다가가기만 하는 존재로의 교회의 모습을 원하는 많은 기독교인들과 충돌을 했었다. 그들은 교회가 아이들을 위한 가을 축제를 열어서 아이들이 할로윈 축제에 참여하지 않기를 원한다. 그들은 교회가 아이들을 위한 학교를 제공해서 그들이 무신론자 교사가 가르치는 공립학교에 다니지 않기를 바랐다. 그들은 교회가 십대들에게 기독교 콘서트를 열어서 아이들이 흥미로운 인생 방식과 자극적인 노래를 하는 록 그룹을 보러 가지 않기를 바랐다. 예수님이 빛과 소금이 되라고 말씀하신 것이 세상으로부터 숨는 것이 아니라 밖으로 나가서 세상 속에서 문화를 이해하라는 것임을 그들은 알지 못하는 것 같다.

하나님께서 누리라고 우리에게 주신 세상에서 빛과 소금이 되는 일과 선을 존중히 여기는 공동체는 어린이들의 영혼을 돌보는 일에 가장 공헌을 하는 기관이다. 세계를 피하는 것 혹은 자기 공동체 구성원들을 세상으로부터 보호하는 것을 목적으로 삼는 공동체는 정신적으로 '우리 대 그들' 이라는 개념을 만들어 줄 뿐이고 우리가 사는 세상에 하나님 나라에 관해서 가져다 주는 것은 거의 없다. 오히려 예수님을 따르기 때문에 우리가 저들보다 낫다고 생각하는 많은 사람들을 만들어 낸다. 이것은 시민 의식이 아니다. 이런 종류의 생각은 하나님이 하셨던 방법이나 예수님이 우리에게 명령하신 방법대로 세상을 사랑하는 것이 아니다. 그리고 이것은 우리 어린이들의 긍정적인 신앙 발달에 도움을 주지 못한다.

대학원에서 나는 청소년기의 도덕 발달에 대한 흥미로운 연구서를 읽은 적이 있다. 그 연구자들은 코네티컷(Connecticut)의 그린위치(Greenwich)에 있는 울워드(Woolworth) 가게에서 물건을 훔친 십대들의 숫자가 보스턴(Boston) 지역의 울워드(Woolworth) 가게에서 물건을 훔친 십대의 아이들보다 훨씬 더 많다는 사실에 흥미를 느꼈다. 그들은 그 어린이들이 가게에서 물건을 훔치는 태도의 차이점이 있는지 알려고 이 두 그룹의 십대 어린이들을 조사했다. 집단 간의 유일한 차이점은 보스턴의 어린이들이 사립학교에 다닌다는 것이었다. 그들은 대중교통을 이용해 학교에 갔다. 버스와 지하철에서 이 어린이들은 다른 종류의 사람들과 환경들을 접했다. 반면에 그린위치의 학생들은 그린위치를 떠난 적이 전혀 없었다. 만약 그들이 의도적으로 그곳을 떠나지 않는다면, 그들은 다른 인종, 외국인 그리고 다른 경제적 배경을 가진 사람들을 만나지 못할 것이다. 이 작은 연구서의 조사자들은 다른 사람들과 함께 어울리는 일(being with people)에 긍정적인 도덕적 발전에 기여하는 어떤 것이 있다고 결론지었다.

    이 연구를 교회에 접목시키면, 우리가 참으로 어린이들이 예수님의 길을 따르는 믿음의 사람이 되길 원한다면 어린이들이 세상의 일부분이 되도록 열심히 도와야 한다는 것이다. 우리는 어린이들이 그들과 다른 사람들을 존중할 수 있도록 그리고 믿음의 사람이 더 크고 광범위한 공동체와 세상을 생각해야 한다는 사실을 의도적으로 가르쳐야 한다. 만약 우리가 어린이들을 하나님의 사람들로 만든다고 하면서 기독교 게토(ghetto)에 가둔다면 우리는 굉장한 실수를 저지르는 것이다. 세상에 더 관심을 기울이고 섬기는 공동체가 됨으로 그리고 아이들을 그 관심 안에 포함시킴으로 우리는 아이들이 믿음의 사람이 되도록 도울 수 있다.

나는 앞에서 나의 어린이 사역 중 많은 기간 동안을, '특권을 가진 어린이들'로 특징지을 수 있는 그 어린이들과 함께 일해 왔다고 말한바 있다. 그들은 자기들이 다른 아이들과 함께 학교에 가고 주변 아이들이 그들이 가진 것만큼 가졌거나 더 많은 것을 가진 이웃들과 함께 살아가기 때문에, 자신들이 특권을 가진 어린이들이라는 사실을 알지 못한다. 그래서 그들은 이것이 정상적인 삶이라고 생각한다. 이 어린이들은 다른 사람들보다 더 나은 삶을 살고 더 유복하다는 것을 이해하지 못한다. 나는 이 점이 이 어린이들이 예수님을 따르는 어린이가 되는 것을 더 힘들게 만든다고 생각한다. 아이가 가지고 놀 수 있는 것보다 더 많은 장난감이 집에 있고 밥이나 하교 후 간식이 결코 떨어지지 않는데 어찌하여 예수님을 필요로 할까?

이 어린이들에게는 삶의 풍요에 대해서 감사하는 한편 그것들에 대해 책임감 있는 청지기 역할을 하는 하나의 공동체가 필요하다. 이 어린이들은 예수님을 따르는 공동체가 단순히 예수님이 나를 위해 일하시고 하나님이 나를 위해 제공하시는 것을 깨닫기보다는 예수님을 따르는 것이 다른 사람과 세상을 위해서 내가 할 수 있는 일과 관계가 있다고 이해하는 공동체가 필요한 것이다. 이 어린이들은 그들(과 그들의 부모님)에게 다른 문화 출신의 사람과 다른 경제적 환경에 처해 있는 사람들을 만나도록 기회를 제공해 주는 공동체, 하나님이 만드신 온 세상에서 하나님 나라 시민으로서 행동하도록 기회를 제공해 주는 공동체가 필요하다.

　우리 교회는 민감한 우리의 아이들, 십대들 그리고 어른들이 세계 기아 문제를 느껴보도록 선명회의 30시간 금식 모임(World Vision's 30Hours Famine)에 참여해 왔다. 그 주말 동안 나는 어린이들에게 세계 기아에 관해서 가르치고, 구제의 필요성을 체험하는 일을 위하여 일상적인 어린이 교육 프로그램을 잠시 중지시켰다. 작년 사순절 동안 우리 교회는 아프리카(Africa)의 전염성 에이즈, 페루(Peru)의 시골 도시의 건강과 기아 문제 그리고 미니애폴리스(Minneapolis)의 가난한 사람들의 필요에 대해 예배 시간에 이야기하면서 이들 각 지역에 가서 직접 봉사하기도 했다.

　일 년에 네 차례에 걸쳐서 우리 교회는 집이 없는 가족들을 초대한다. 우리는 그들이 일자리와 가정을 구하는 동안 일주일 정도 머무를 수 있는 아늑한 '침실'을 초등부실에 마련한다. 우리 공동체의 여러 가족들이 저녁 때 교회를 방문하여 이 집 없는 가족의 어린이들이 자기 어린이들과 놀 수 있도록 배려해 준다. 이는 집 없는 가족의 사회적 필요를 충족시킬 뿐만 아니라 우리 교회 어린이들이 자기들과 다른 어린이들에 대해 알 수 있는 기회도 된다. 집이 없음에 대해 자녀들에게 가르치고, 기독교인들이 이런 현안 문제와 다른 사회적 현안 문제들에 대해서 어떻게 행동해야 하는지도 보여 주는 산교육의 기회다.

　우리 교회 공동체의 한 가족은 도심지 교회 공동체 대리 기관들과 함께 활동하는 일에 그들의 아이들을 참여시키는 방법을 찾았다. 그들은 또한 도시의 그다지 안전하지 않은 곳에 있는 다른 인종 식당에 의도적으로 그들의 아이들을 데려가서 자녀들이 다른 문화와 다른 경제적 배경을 가진 사람들과 만나게 한다. 이런 종류의 하나님 나라 시민 의식을 증진시키는 신앙 공동체는 그 공동체 구성원들의 영적 성장에 도움을 준다.

이야기

샌디즈는 이야기를 통해 긍정적 신앙 체험을 제공하는 공동체의 마지막 방법을 발견했다. 신앙 형성은 신앙 공동체가 상징, 예술, 음악, 예배 의식, 기록되거나 구전으로 전달된 그들이 공유한 이야기 및 하나님의 이야기 사이에 교류가 이루어질 때 일어난다. 이런 공동체들은 자기들의 정서 관계를 일반 역사에 대한 기억들에게로 집중시키는 능력이 있으며 또한 이 일반 역사가 하나님의 이야기와 상호 작용하고 또 서로 교차하는 방법들에게까지 집중시키는 능력이 있다. 그 공동체는 자기들의 삶의 목적의 일부분이 하나님의 거대하고 초월적인 이야기를 전하고 재해석하는 것임을 이해하는 교회다. 그들은 개인 역사들과 일반 역사를 하나님의 이야기라는 구조 속으로 짜 넣는 일의 중요성을 깨닫고 있다.

하나님은 이야기를 통해 우리와 교제하시기로 작정하셨다. 성경은 하나님의 성격과 피조물을 향한 하나님의 계획을 지적하는 이야기로 가득한 책이다. 우리는 우리의 이야기를 통해서 다른 사람과 하나님을 만나고 교류한다. 각 공동체는 그 자체의 문화와 공동체 구성원에게 수집된 문화 내에서 하나님의 이야기를 자체의 신앙 이야기로 만들어 간다. 우리는 하나님이 우리에게 주신 이야기, 수세기 전 하나님을 따른 사람들의 이야기 그리고 주위에 있는 사람들의 이야기를 통해서 하나님을 알게 된다.

나는 언젠가 '영적 지도'라는 석사 과정 수준의 수업에 참석했었다. 그 수업 첫 주 동안 나는 개인적인 이야기를 반영하는 무언가를 만들라는 과제를 받았고 나의 영적 삶과 그것들의 교차점을 찾아야 했다. 나는 각자가 발표하는 것을 들으며 하나님께서 그들의 삶이라는 직조물 그림 속으로 개입하신 방법에 대해서 보고 듣는다는 것이 매혹적인 일일뿐만 아니라 우리를 영적으로 향상을 시킨다는 사실을 알게 되었다. 각기 들려주는 이야기는 다양하고 힘이 있었으며 나에게 그 이야기는 감동적인 하나의 영적 체험이었다. 하나님께서는 우리가 다른 사람과 우리의 이야기를 공유할 때 그분의 이야기(The Story)라는 능력 가운데서 우리에게 다가오신다.

어린이들은 이 이야기들 중 어떤 것을 알고 태어나지 않고 또한 자기들이 하나의 이야기를 만들어 낸다는 사실을 알고 태어나지도 않는다. 이야기들은 공동체의 윗세대에 의해 그들에게 전해지고 그 이야기들은 의미심장한 방법으로 어린이들에게 전해져야 한다. 어린이들은 그들 자신의 이야기를 긍정적인 영적 성장의 의미로서 이해하고 또 말로써 나타내도록 가르침을 받아야 한다. 하나님과 함께하는 삶에 대한 자신의 이야기를 회고한다는 것은 그 자신의 삶에서 하나님의 역사를 볼 수 있게 도와준다.

작년에 나는 4~5학년 그룹과 함께 이야기의 능력을 실험한 적이 있다. 나는 그들이 하나님을 이해함에 있어서 그들 자신의 이야기와 다른 사람의 이야기의 중요성 그리고 예수님 안에서 살아가는 이야기의 중요성을 이해하길 원했다. 우리는 마룻바닥에 앉아서 이야기를 시작해 나갔다. 나는 그 그룹에게 나의 신앙 이야기를 해 주었고 그들은 관심을 가진 것처럼 보였다. 그 다음 나는 그들에게 하나님과 함께했던 삶에 관한 이야기를 해 보도록 기회를 주었다. 나는 그들이 말하고자 하는 이야기의 어떤 부분을 표현할 수 있는 창조적인 매체가 몇 가지 있었다. 아이들에게 방에 있는 컴퓨터 중 하나를 사용해 그들의 이야기를 쓰거나 잡지 그림으로 콜라주를 만들거나 혹은 그림으로 표현하라고 했다.

나는 그들이 자기들의 이야기 일부분을 표현하는 데 도움을 주기 위하여 하나님과 함께하는 삶에 관한 질문들의 목록을 주었다. 약 20분 동안 대부분 열정적으로 이 프로젝트에 임했다. 나는 그들에게 자신이 만들거나 기록한 것들을 사용하여 이야기를 하라고 권했다. 다른 사람과 공유할 준비가 되어 있지 않다면 굳이 이야기하라고 강요하지는 않았다. 대부분은 이야기하기로 결정했고, 그 어린이들의 삶에서 하나님의 역사라는 현실적인 일을 듣는 일은 굉장히 매력적인 일이었다. 나는 끝으로 성 패트릭(St. Patrick)의 이야기를 읽어 주었고 그들은 그것을 마음에 새겨들었다.

그 다음 주에는 성경에 나온 하나님 이야기를 열심히 가르쳤다. 아이들이 도착했을 때 나는 벽에 붙인 긴 조각의 종이에 그들이 가장 좋아하는 성경 이야기를 그림으로 그려보라고 했다. 놀랍게도 아이들은 이전 주에 보여 주었던 것과 같은 열정으로 그림을 그렸다. 나는 그들이 묘사한 것을 왜 선택했는지, 하나님이 성경에 그 이야기를 왜 포함시켰을지 물었다. 나는 각 이야기가 아이들의 삶에서 왜 강력한 힘을 가지는지, 하나님이 그 이야기를 주신 목적이 무엇인지에 대해 명료하게 말하는 것을 듣고 다시 한 번 놀랐다. 나는 이날 저녁에 속죄에 대한 현대의 한 비유를 가지고 결론지어 말했고 그것은 새로운 방향에서 예수님의 희생과 연관이 있음을 생각하게 만들어 주었다.

올해에 나는 1~3학년을 위한 주일 아침 프로그램의 핵심 활동들의 하나로 '우리의 이야기'라고 이름 붙인 하나의 단편을 포함시켰다. 이 활동의 중심은 우리 교회 이야기와 우주적 교회의 이야기를 반영한 세 개의 단편으로 구성되었다. 이 단편의 개회식 때 오랫동안 우리 교회에 다닌 교회 여직원을 초청해서 아이들에게 우리 교회가 어떻게 시작되었고 왜 시작되었고 그리고 어떻게 지금 우리가 있는 자리까지 왔는지 설명해 달라고 부탁했다. 다른 단편에서는 자기들의 개인 신앙 이야기를 이 아이들과 공유하는 데 시간을 잘 쏟지 않는 공동체의 어른을 몇 분을 초청했다. 나는 또한 수세기 동안 교회의 일익을 감당해 온 사람의 이야기들을 아이들이 이해하도록 여러 활동을 했다. 예를 들어, 크리스마스 시즌에는 역사적인 성자 니콜라스(산타클로스)를 둘러싼 이야기를 공부했다.

이야기는 영적·신비적인 일들을 우리에게 계시하시려는 하나님의 방법이다. 이야기는 우리가 다른 사람에 대해 배우고 우리만의 영적 여행에 관해서 배우는 방법이다. 그리고 다른 사람에게 자신이나 자신의 신앙 공동체를 설명할 때 이야기라는 방법을 쓴다. 우리 어린이들의 영혼을 돌본다는 것은 창조적이고 적절한 방법으로 하나님 이야기를 그들에게 들려주는 것을 의미한다. 그것은 우리의 신앙 이야기를 나이에 어울리는 방법으로 나누어 주는 것이며 그들이 이해하도록 돕는 것이다. 그리고 우리 어린이들의 영혼을 돌본다는 것은 그들을 이야기 속으로 끌어들여서 신앙 공동체의 체험과 기억들을 공유하는 것을 의미한다.

어린이들을 끌어들여라

성실, 받아들임, 시민 의식, 이야기를 가치 있게 평가하고,

어린이들을 자기 공동체의 확실하고 중요한 교제의 구성원으로 받아들이는 원기 왕성한 신앙 공동체는 어린이들의 영적 발전에 필수적 부분이다. 신앙 공동체는 그들의 활동과 이야기들 속으로 아이들을 적극적으로 참석시켜야 한다. 공동체의 구성원들은 어린이들과의 관계를 향상시키고 아이들에게 필요한 것을 생각하는 것보다는 아이들과 함께 일하는 방법을 모색하는 일이 더 중요하다.

내가 섬기는 교회는 유아 세례를 주는 전통이 있다. 세례는 아이가 공동체의 구성원이 된 것을 환영하는 의식이다. 단지 아이의 부모, 친척, 가까운 친구 공동체에만 포함시키는 것이 아니라 전체 언약 공동체에 포함시키는 것을 의미한다. 세례 예식은 합동 예배 때 행한다. 이 상징적 의식은 전체 신앙 공동체가 어린이의 후원자로서 그 아이가 성령 안에서 하나님에게 신실한 사람으로 자라도록 돕는 책임이 있음을 밝힌다. 세례 예식에서는 공동체가 '그들이 우리에게 소속되어 있기 때문에' 라는 문구로 마지막 서약을 한다.

한자리에 모인 신앙 공동체는 부모들과 함께 그 어린이의 영적 양육을 책임지겠다고 하나님 앞에서 서약한다. 나는 이 서약을 결혼 서약만큼이나 진지한 것으로 취급해야 한다고 생각한다. 안타깝게도 이런 일이 일반적으로 시행되지 않고 있다. 공 예배 시간에 입을 모아 서약의 말을 하면서 사람들은 그것이 무엇을 의미하고 자기들이 실질적으로 무엇을 서약하고 있는지

조차 전혀 생각하지 않는다. 심지어 헌신 예배 의식에서도 그 어린이들의 영적 성장을 돕는 서약을 하는데도 말이다. 그래서 나는 세례를 하는 동안 서약의 말을 하든 안 하든 구성원들 자신들이 세례받는 아이들의 양육에 책임이 있음을 되새김하는 캠페인을 벌여 왔다. 구성원들은 이러한 책임에 대해서 끊임없이 환기하도록 도전을 받아야 한다.

당신이 어린이 사역자라면 당신은 어린이들과 함께 일할 수 있는, 자발적으로 헌신하는 자원 봉사자를 발견하기가 말로 다할 수 없이 어렵다는 것을 알 것이다. 교회의 어른들이 그 공동체 내에 있는 어린이들과 접촉하는 일의 중요성을 깨닫지 못한다는 사실이 얼마나 부끄러운 일인지 모른다! 자기를 지도하는 사람들과 형성하는 친교 관계가 그들이 그 공동체 안에서 갖는 가장 영향력 있는 관계들 중 하나다.

내가 지금 섬기는 교회에 왔을 때 나는 어린이들에게 전체 공동체 체험을 제공해 주려고 노력했다. 그중 한 가지 방법이 '콜로니얼 교회(Colonial Church; 저자는 콜로니얼 교회에 다니는데 그 교회 이름 자체가 '식민지 시대의 교회'라는 의미다-역주)다운' 일단의 자원 봉사자들을 모집하는 것이었다. 어린이들이나 학교에 다니는 아이들의 부모뿐만 아니라 공동체 안의 모든 세대의 사람들 중에서 신참 교사들을 뽑아서 어린이 사역에 투입했다. 매년 새로운 사람을 모집하는 시기마다 우리는 의도적으로 모든 연령대의 사람들을 뽑았다. 전 세대에 걸쳐서 자원 봉사자 집단을 형성하고자 하는 우리의 목표에 점점 가까워졌다.

우리는 대부분 교육 프로그램에 작은 집단 형태를 사용한다. 작은 그룹 리더인 어른들과 십대들은 그룹 내에서 아이들과 관계를 수립하는 것 외에는 다른 직무를 맡고 있지 않다. 나는 그들에게 아이들과 함께 이야기할 수 있는 도구를 주었고, 상호작용이 일어날 수 있도록 주일 아침의 교육적 활동으로 소그룹 시간을 계획했다. 이 소그룹들은 어린이들에게 교회 안에서 동료 관계를 수립할 수 있게 한다. 일고여덟 살의 아이들(미취학 아동에 비하여 약간 더 적은 수)로 구성된 그룹은 서로 알고 서로 이야기하기에 이상적인 숫자다. 아이들이 자기들의 길을 찾고 더 큰 신앙 공동체에 자기들이 속해 있다는 느낌을 갖게 하는 데에도 이상적이다.

대형 교회가 여전히 현대적 복음 전도 운동이라는 유행어에 매달려 있는 반면에 작은 교회들은 실제로 어린이들에게 더 잘 다가간다. 『우리의 어린이들이 믿음을 가질 것인가?』(Will Our Children Have Faith?)라는 책에서 웨스터호프는 300명이 넘지 않는 교인들이 출석하는 신앙 공동체가 어린이들의 영혼을 가장 긍정적으로 보살필 수 있다고 보았다. 통계상 대부분의 미국 교회는 그보다 교인 수가 적으며, 교회에 참석하는 어린이들의 규모는 최소한 300명의 공동체에 포함되어 있다. 당신이 어린이 사역의 전임 목사나 지도자라면 아마도 당신의 교회의 성도가 300명 미만인 교회에서 다른 직무를 맡고 있지 않을 것이다. 그러나 나는 웨스터호프가 교인 수가 많은 것이 공동체의 영적인 영향력을 약하게 만든다는 것을 지적하는 것이 아니라고 생각한다.

대부분의 대형 교회들은 거대한 숫자의 사람들을 보살피는 것이 불가능하다고 생각한다. 그래서 그들은 넘쳐나는 사람들 가운데서 성경적 공동체를 찾는 하나의 수단으로 소그룹을 장려하기도 한다. 이 소그룹에 대한 관심과 소그룹 관계 방향의 중요성에 대한 관심이 우리 어린이 사역으로 언제나 흘러들어 오는 것은 아니다. 어린이 사역의 자원 봉사자를 찾는 일은 어렵다. 대형 교회는 자원 봉사자가 없다는 이유로 어린이 사역 프로그램을 취소하지는 않는다. 그래서 매우 많은 어린이들과 매우 적은 봉사자들로 프로그램은 비틀거리고, 봉사자들의 인내심을 시험하며, 교실 경영 기술에 긴장감을 주고 있다. 계속하여 일어나는 혼란과 개인적 관심의 부족은 아이들에게 신뢰를 주지 못하는 환경을 만들 수 있으며 어린이들이 교회에서 덜 중요한 사람으로 평가받게 한다. 게다가 더 나쁜 것은 어린이들이 신앙 공동체의 삶에 참여하고 어른들과 다른 사람과의 관계를 수립할 수 있는 기회를 앗아갈 수 있다는 점이다.

어떤 교회들은 단순히 주일 아침이나 토요일 밤에 많은 수의 어린이들을 모이게 함으로 이 문제를 해결하려고 한다. 그들은 디즈니 영화(혹은 니켈로디언 영화)를 상연하는 데 시간과 돈을 쏟아 붓는다. 아이들은 한 시간 동안 영화를 보고 도덕적 강의를 듣는다. 이 오락적인 프로그램에는 오락에 투입되는 숫자 이외에 다른 자원 봉사자들이 필요 없다(물론 이것은 자원 봉사자에게도 훈련 문제를 다루고 흐르는 코를 닦아주는 것보다 훨씬 재미있는 일이다). 이런 종류의 대형 제작 사역들이 분명히 어린이들에게 매혹적이긴 하지만 어린이들은 다른 세대들과 교제할 기회를 잃거나 의도적인 서로의 교제 시간도 얻지 못하므로 어린이들에게 감정적인 면이나 영적인 면에서 좋지 못하다.

사실상 위기에 처한 어린이 보호 위원회(Commission on Children at Risk)에서 나온 한 최근의 보고서는 관계의 결핍이 여러 면에서 미국의 젊은이들을 황폐화시킨다고 발표했다.

의사들과 정신 건강 전문가들로 대부분 구성된 그 위원회 이사들은 사람은 일차적으로 부모와 가족 그 다음에는 더 큰 공동체의 사람들과의 선천적 관계 필요성을 가졌음을 믿는다고 밝힌다. 그들은 말하기를, 정서적·행동적 문제라는 실질적인 유행병을 낳는 것은 어린이들과 그들의 친척들 그리고 공동체들 사이의 관계의 약화라는 것이다.[17]

그 보고서는 따뜻하고 사랑이 가득 찬 장소이면서 합리적인 기대와 한계를 드러내 보이는 신뢰할 만한 공동체의 필요성에 대해 계속 토론한다. 이 공동체들은 여러 세대가 도덕적이고 영적인 후원과 양육을 제공하는 일에 참여할 때 능률이 높으며 공동체가 작을 때 일을 가장 잘한다고 한다.

---

17) William Raspberry, "Environmentally Challenged", September, 22, 2003에 쓴 WashingtonPost.com 논문에서 발췌.

어린이들이 공동체에서 다른 사람과 맺는 관계는 어린이들의 행동적 변화를 촉진하는 것으로 나타난다. 보고서가 분명하게 밝히는 바와 같이 "좋은 행실은 최소한 규칙의 결과만큼 관계의 결과다. 관계란 우리가 양심이라고 부르는 것의 원천인데, 양심이 없이는 그 규칙들은 오직 규칙을 만든 사람들이 그 규칙들을 집행할 만큼만 강할 뿐이다. 관계가 열쇠다." [18]

만약 이 보고서가 말하는 내용이 사실이라면, 교회는 믿음직한 공동체가 되기에 놀라울 정도로 뛰어난 위치에 서 있다. 신앙 공동체 안에서 우리는 이미 관계와 소속감의 중요성을 인식했다. 우리는 다른 사람과 우리의 아이들을 연결시킬 수 있는 기회가 있으며 의미심장한 방법으로 세대 간의 교류가 이루어지도록 만들 기회도 있다. 이렇게 함으로 정신적인 건강뿐만 아니라 영적인 건강에서도 아주 큰 영향을 받는다. 신앙 공동체 내에서 어린이들이 찾는 관계는 그들의 영적 발달에 결정적으로 중요하다. 이러한 관계는 하나님과 함께하는 삶에서 영적인 의미를 찾는 그들의 능력에 필수적 요소다.

---

18) Ibid.

제6장
가족 요인

CHAPTER

06

로마 가톨릭의 교육가들은 가족을 '가정 교회'라고 부른다. 가정은 아마도 가장 좋은 신앙 공동체보다도 더욱 친밀감이 있게 신앙이 형성되고 실천되며, 탐구되고, 질문되는 곳일 것이다. 공동체의 신앙적인 실천은 가족이라는 양육 환경 속에서 연마되고 반영된다.

가족 요인

　　어린이에게는 가족이 전부다. 가족은 아이가 관계를 형성하고 경험하는 첫 번째 장소다. 가족은 한 아이의 공동체에 대한 첫 번째 경험이다. 가정은 아이가 언어를 배우고 운동 기술들을 배우는 곳이며 아이는 여기서 세계관을 처음으로 발달시키고 세상에 대해서 이해하게 된다. 가정은 아이가 처음으로 사랑을 경험하고, 친밀감, 용서, 신체적 보호를 경험한다. 그 반대로 가정은 아이가 정서적 분노와 방치, 무시, 신체적 상처를 입는 장소가 될 수도 있다.

　　우리는 결코 우리의 가족으로부터 완전히 떨어져 나올 수 없다. 육체적으로는 그들을 떠날 수 있을 것이다. 가족과 아주 멀리 떨어져 있어서 다시는 아무런 연락을 취하지 않을 수도 있다. 그러나 실질적으로 완전히 떠날 수는 없다. 우리의 가족들은 우리들의 삶에 지워지지 않는 어떤 이미지를 새겨놓는데, 이 이미지는 우리가 행동하는 모든 것에 영향을 미친다. 겉모습이 부모와 닮을 수도 있고, 정치적 견해가 비슷하거나, 칠면조를 굽는 방식이 같을 수도 있어서 우리가 가족과 함께한 경험이 우리의 삶을 만든다. 이 경험이 우리를 하나의 인간으로 만든다.

그러므로 아이의 신앙 발달에 있어서, 또 영혼을 돌봄에 있어서 가족이 가장 중요한 무대라고 말하는 것은 결코 과장이 아니다. 어떤 결정을 내릴 때 교회에 전혀 다녀본 적이 없거나 영적·윤리적인 문제를 전혀 생각해 보지 않은 가족들조차도 아이들의 신앙 형성에 영향을 준다. 가족들은 자신의 아이들에게 믿음의 삶을 추구하는 가족들이 중요하다고 가르치는 것과 똑같은 방식으로 어떤 영적인 문제나 윤리적인 문제가 별로 중요치 않다는 사실도 가르치는 것이다.

에릭슨이 주장하는 발달의 단계와 위기들은 제1차적으로 가족이라는 상황에서 일어난다. 우리가 아는 바와 같이, 다른 사람을 신뢰 - 이는 아이가 하나님에 대한 신뢰를 배우는 데 결정적인 역할을 한다 - 하는 것을 배우는 곳은 가정이다. 가정이야말로 아이가 자신을 사랑받을 만하고, 유능한 존재임을 배우는 곳으로, 아이를 향한 하나님의 사랑을 이해하는 데 필요한 긍정적 자아상을 발달시키는 곳이다. 가족은 아이들에게 예수님을 따르고 하나님을 사랑하는 것이 어떤 것인지를 보여 주는 모델이고, 영적인 갈등과 실패들을 통해서 조금씩 나아간다는 것이 무슨 뜻인지를 알려 주는 곳이다.

그러므로 어린이 양육이라는 사역에 뛰어든 사람은 누구나 심각한 책임 의식을 가져야 한다는 것은 두말할 여지가 없다. 그런데 교회생활을 하는 사람들은 그렇게 여기지 않는 것 같다. 지난 20년이 넘는 기간 동안, 모든 교회가 다 그런 것은 아니더라도, 대부분의 교회들이 자녀들의 영적 양육에 있어서 가족이 중요하다는 것을 진지하게 고려하였고 가족의 가치를 충분히 높게 평가했다. 또 어떤 사람들은 부모가 가정에서 믿음의 모델이 되고 가르칠 만한 순간들과 의도적인 믿음의 실천을 통해서 아이들을 영적으로 훌륭히 교육하도록 교회가 열심히 노력했다고 여길 것이다. 또 어떤 사람들은 교회의 이런 역할이 어린이 사역의 기초가 된다고 생각하였을 것이다. 하지만 사실은 전혀 그렇지 않다.

깨어진 가정

어린이 사역을 담당하는 대부분의 사역자들은, 특별히 대형 교회 사역자들은, 아이의 가족을 별로 중요하게 생각하지 않는다. 거의 모든 어린이 사역 담당자들이 아이들을 연령에 따라서 나누어 그 아이들을 가르치고 활동하게 하는 동안 어른들은 나가서 자신의 일을 한다.

내가 한 대형 교회에서 어린이 사역을 할 때 담임목사님이 교회를 전체적으로 보았을 때 어린이 사역의 역할을 어떻게 생각하는지를 나에게 물었다. 나는 어른들 특히 교회의 영향력 있는 지도자들이 위층에서 하나님의 중요한 사역을 하는 동안 어린이들이 교회 건물의 지하실에서 조용하게 성경 이야기를 듣게 하는 것이 훌륭한 어린이 사역이라고 여기는 것 같다고 말씀드렸다. 그 목사님은 나의 평가가 정확하다고 말했고, 나는 그것이 그 교회에서 어린이 사역을 생각하는 지배적인 태도라고 대답했다.

대부분의 교회가 어른들만을 위한 교회라는 편견에 사로잡혀 있다. 가족들을 연령별로 분리시켜 놓아서 부모와 아이들이 일단 교회에 들어서면 결코 함께 있을 수 없다. 그러므로 주일마다 부모들이 자녀들의 영혼을 돌보는 데 필요한 영적 방책을 얻지 못한 채 교회 건물을 떠나간다는 사실은 놀랄 일이 아니다.

현대의 교회는 어린이 사역 프로그램을 중요한 성인 사역 프로그램을 보조해 주는 것으로 여긴다. 다음에 나오는 시나리오는 교회의 직원회의에서 흔히 볼 수 있는 광경이다. 성인 프로그램을 책임지고 있는 사람들은 어떤 특별한 프로그램이나 강좌를 개설하기를 원한다. 여기서 항상 제기되는 질문은 "그런데 사람들이 자기 자녀들과 함께 무엇을 하지?" 그러면 모두 어린이 담당 목회자에게 눈을 돌려 이렇게 말한다. "당신은 아이들을 돌봐주거나 아이들을 위한 반을 만들어 일해 줄 수 있지요. 그렇지요?"

시간 구조가 어린이들에게 적절하지 않는지는 문제가 되지 않는다. 이것이 교회가 가족들을 한 번 더 나누어 놓는 시간이라는 것도 문제가 되지 않는다. 그뿐만 아니라 이 아이들에게 안전하고 신뢰할 만한 환경을 조성해 줄 성인 자원 봉사자들을 얻기가 어렵다는 것도 문제가 되지 않는다. 중요한 것은 우리가 어른들이 개인의 영적 열정과 관심을 충족시킬 수 있도록 아이들을 맡길 장소를 제공해 주었다는 사실이다. 이 어린이 프로그램의 존재는 자주 다른 프로그램이나 교회에 관심을 유도하는 마케팅 도구로 사용된다. 많은 대형 교회들이 연령층에 맞는, 분리된 어린이 프로그램이 있다고 말하곤 하는데, 어른들을 자기들의 사역으로 이끌어 들이기 위해서다. 이 교회들이 참석하기를 간절히 바라고 있는 거대한 군중들은 어린 영혼을 돌보는 일에는 거의 관심이 없고, 가족을 돕는 일과도 관계가 없으며, 소비자에게 그가 원하는 것을 제공하는 일에만 관계가 있는 프로그램 위에 서 있다.

나이에 따라 분류한 프로그램의 증식 그리고 어린이 사역 프로그램이 흔히 성인 프로그램을 돕기 위해 존재한다는 생각은 교회가 부모들에게 두 가지 편견을 심어 주었다. 첫째로, 교회는 가족들에게 교회 문이 열려 있을 때는 언제나 당연히 교회가 그들의 자녀들을 돌보아 주겠다는 것이다. 이렇게 함으로 어린이 사역 담당자들을 고급 교육을 받은 베이비시터로 만들어 버렸다. 나는 부모들을 자녀들과 떼어 놓는 것이 필요하다고 생각하는데 특히 다수의 미취학 어린이가 있는 부모들은 더 그렇다. 그러나 어린이 사역의 책임이 이러한 필요성을 충족시키고자 점점 더 많은 어린이 신앙 교육 프로그램을 제공하는 것이라고 생각하지는 않는다. 어린이 사역의 일차적인 임무는 부모들이 다른 어른들과 대화를 하도록 자녀들을 따로 놀게 할 어떤 장소를 제공하는 것이 아니다.

그와 동시에, 나는 자녀의 양육에 지쳐 있는 부모들이나 두 살배기 아이가 아닌 다른 사람과 지금 당장 대화를 하지 않으면 미쳐버릴 것 같은 심정인 부모들을 위하여 휴식을 제공하는 것도 공동체의 책임이라고 생각한다. 이 또한 신앙 공동체에 속한 구성원들이 서로를 도울 수 있는 방법 중 하나다. 내가 잘 아는 한 이머징(신흥교회) 교회는 예배 시간에 유아실을 제공하지 않는데, 그 이유는 어린이들의 울음소리까지도 하나님을 기쁘시게 한다고 믿기 때문이다. 하지만 이 교회 역시 몇몇 부모들이 자신의 아이들이 예배 중에 소리를 내기 시작하거나(순전히 서구 문화의 금기 사항이다), 아이가 품속에서 꼼지락거려서 예배에 집중하지 못하면 상당히 불만스러워 한다는 사실을 인지하고 있다. 그래서 그들은 '베이비 홀더'(아이를 맡아 주는 사람)라는 공동체 자원 봉사 모임을 만들었다.

예배가 시작되기 전에 이 자원 봉사자들은 아이를 데려오는 사람들을 살펴보고 예배 시간 동안 아이를 맡아준다. 이 사람들은 항상 똑같은 방에 부모처럼 있고, 그래서 부모들은 아이들에게 전혀 신경 쓰지 않아도 된다. 또한 예배당과는 떨어져 있지만 예배당 전체를 볼 수 있는 방도 있어서, 여기서 부모들은 울며 발버둥치는 아이들을 달래면서 동시에 예배 참석의 체험도 느낄 수 있다. 최근에 새로 생겨난 이머징 공동체들은 가족들 주변을 직접 둘러싸서 자녀들과 함께 가족들도 도우려고 한다. 그들은 어린이 프로그램에 의존하는 일이 점점 줄어들고 있다.

교회가 아이들의 프로그램을 따로 떼어서 진행함으로 나타나는 두 번째 심각한 오류는 아이들의 영적 양육을 가족보다 교회가 더 잘할 수 있다는 생각이다. 이것은 전혀 옳지 않다. 보통의 아이가 교회의 프로그램에 참여하는 시간은 기껏해야 1년에 150시간이다(이는 교회가 모일 때 가족을 위해 항상 열어 놓는 시간이기도 하다). 아이가 가족 안에서 보내는 셀 수도 없이 많은 시간과 비교한다면 교회가 가족보다 영적 양육을 더 잘할 수 있으리라는 것은 말도 안 된다.

그러나 교회는 아이들의 교육 프로그램이 중요하다고 말하면서 부모가 아이들을 믿음으로 훈련시키고 영성을 싹틔워 성장하도록 돕는 데에는 거의 관심을 기울이지 않는다. 교회는 가족들과 아이들을 속이고 있다. 교회가 신앙 형성에 있어서 가족보다 더 잘할 수 있다고 말하는 교회는, 내가 믿기에는, 하나님께서 부여하신 부모의 책임과 은사 - 즉 자기들의 자녀들의 영혼을 돌보는 책임과 은사 - 를 교회가 박탈하는 것이다. 부모는 그 어떤 프로그램도 이룰 수 없는 책임을 떠맡고 있다.

가족의 전통

성경 전체를 살펴보면 성경은 실제로 가족이나 부모, 또 아이들에 대해서 많은 말을 하지 않고 있음을 알 수 있다. 물론 성경이 기독교인 어린이 양육을 위한 핸드북으로 쓰인 것은 아니다. 하지만 우리가 성경에서 가족 내 아이들의 양육을 위한 조언을 찾으려할 때 기억해야 할 한 가지는 구약 성경 시대의 가족 문화가 21세기 미국의 가족 문화와 전혀 다르다는 사실이다. 신약 성경 시대의 가족 문화도 구약 시대 - 중근동 아시아의 가족 문화 - 나 21세기 미국의 가족 문화와도 다르다.

구약 성경 시대의 가족들은 분리되거나 독립적이지 않았고, 오늘날처럼 핵가족도 아니었다. 그 당시의 가족은 대가족이었고, 남자와 여자가 가족에서 하는 역할이 명확히 구분되어 있는 확대된 종족의 구조였다. 가족에는 항상 누나/언니 혹은 더 폭넓은 가족 구성원이 있어서 어머니가 다른 일로 바쁘거나 시간이 없을 때 아이들을 돌봐줄 수 있었다. 이 사회는 고도로 학식을 갖춘 문화가 아니었으므로 의사소통의 기본 수단은 민족의 역사를 재진술해 주는 데 사용되는 구두로 전해진 말과 노래였다. 축하연이나 절기들, 공동체의 모임이나 사건들마다 어린이들도 그 잔치에 참여해서 그날의 내력의 상징적 의미를 눈으로 목격하였다.

　　성경에 나오는 말씀 중 자녀 양육에 관한 조언으로 가장 많이 인용되는 내용은 신명기 6장이다: 부모는 아이들이 길을 걸어갈 때나 누울 때나 아이들에게 하나님의 이야기를 해 주어야 하며, 일상생활에서 자기 민족을 향한 하나님의 선하심과 그분께서 자기 민족과 맺은 언약을 말해 주고, 또 기회가 있을 때마다 반복해서 말해주라고 지시를 받았다. 다음 두 가지 이유로, 이 말씀이 오늘날의 부모들에게도 유익하다고 생각한다. 첫째, 이스라엘 사람들에게 이 명령을 하시면서 하나님은 자녀들에게 믿음을 알려 주는 데에는 어떤 사람보다 부모가 최고임을 강조하기 때문이다. 둘째, 이 사실은 믿음이란 가르쳐지는 것이 아니라 휩말리는 것이라는 옛 속담을 하나님께서도 충분히 인정하고 계심을 보여 주기 때문이다. 가장 좋은 신앙 교육은 일상을 통해서 하는 것이다. 가장 좋은 신앙 교육은 하나님에게 매일, 삶을 변화시키는 것들과 더불어 삶의 실질적인 행위에 있어서까지도 함께 해 달라고 요구하는 데서 오는 것이다.

　　신약 성경 역시 구약 성경과 마찬가지로 어린이 양육과 영혼 교육에 대해서 거의 언급하지 않는다. 신약 성경의 가족은 최소한 포로기 이전에 구약에서 나타나는 모습인 종족적이고 농경적인 가족 문화와는 달리 도시적이고 세계화의 경향을 띠기는 하지만 여전히 대가족 제도의 개념에 근거한다. 초대 기독교 당시에 그리스나 로마에서는 많은 식구가 한 가족으로 살았다. 가족 내에서 성에 따른 역할 구별은 매우 분명하게 정해져 있었지만, 여성이 상인이나 법률가도 되었으므로 점차 공동체 삶에 더 많이 참여하게 되었다. 초대 교회 시절 아이들을 따로 나누어서 교회로 데려갔다는 그 어떤 성경 기사도 없는데, 이러한 사실은 아마도 이제 갓 만들어지기 시작한 교회에서 행하는 예배와 식사, 그리고 다른 신앙 활동에 아이들을 함께 참석시켰을 것이라고 짐작하게 한다.

신약 성경 저자들은 예수님의 사역을 믿는 새로운 신자들을 둘러싼 신앙 공동체에 대해서 진지한 관심을 두고 있었다. 그들은 새로운 신자들이 예수님을 따르는 자들로 살아가는 것이 어떤 것인지 알려 주고자 했다. 그들은 공동체가 기능화된 가족과 비슷하게 살아가고 작동한다는 점에서 가족이라는 비유를 사용했다. 영적 성장이 상호 관계에서 나오는 것이라면(나는 초대 교회를 시작한 사람들이 이렇게 생각했으리라고 믿는다), 신앙 공동체가 스스로 가족을 모델로 하고 있다면, 이 점에 가족이 어린이의 신앙 형성에 가장 중요한 자리(seat)라는 성경적 지지가 있는 것으로 보인다.

그러므로 제도화된 교회가 가족에게서 이러한 책임을 빼앗는다면 이것은 비성경적인 것이다. 교회가 어린이 프로그램을 점점 더 많이 만드는 것보다는 가족이야말로 어린이 사역의 중심축임을 인정하는 것이 더 중요하다. 어린이 사역에서 최우선적인 일은 부모가 자녀들의 영적 성숙에 있어서 일차적 양육자로서의 역할을 하도록 돕는 일이다. 어린이 사역의 목표는 부모가 자녀들과 영적인 것을 대화하고, 가족이 하나님의 존전 앞에서 사는 것을 최우선으로 삼도록 돕는 것이다. 미래의 교회는 성스러운 공동체인 가족이라는 비전을 붙잡아야 한다.

가정 교회

우리는 아이들이 가족과 보내는 시간이 아주 많다는 사실과 아이들이 어떻게 그들의 가족 내에서 삶의 모든 국면을 경험하는지 토의해 왔다. 가족 안에는 아이들의 신앙 형성에 핵심적인 고유의 내적 요인들이 또 있다. 로마 가톨릭의 교육가들은 가족을 '가정 교회'라고 부른다. 가정은 아마도 가장 좋은 신앙 공동체보다도 더욱 친밀감이 있게 신앙이 형성되고 실천되며, 탐구되고, 질문되는 곳일 것이다. 공동체의 신앙적인 실천은 가족이라는 양육 환경 속에서 연마되고 반영된다. 믿음이 일상생활이라는 소용돌이와 폭풍 가운데서 우리의 것이 될 수 있는 장소가 곧 가정이다.

피난처

『가족: 형성의 중심지』(Family: The Forming Center)라는 책에서 마요리 톰슨(Marjorie Thompson)은 어린이 신앙 양육에 대한 가족의 능력에 대해 몇 가지 모델을 제시한다.[19] 그 모델 중 하나는 가족이 신성한 피난처라는 것이다. 톰슨은 이 모델을 제시하면서 돌로레스 레키(Dolores Leckey)의 가족에 대한 설명을 이용하고 있는데, 레키의 설명에 따르면 가족이란 "수용과 성숙과 성장의 장소로, 구성원들은 여기서 계속되는 하나님의 긍휼과 구원의 행위에 동참할 힘을 얻게 된다."고 언급한다.[20] 가족은 지상에서 아이에게 가장 안전한 장소가 되어야 한다. 가족은 아이가 본래 모습 그대로 있을 수 있는 유일한 장소이며, 또한 용납되고 용서받을 것이라는 사실을 인식하는 유일한 장소다. 가족 안에서 아이는 느낀 것이나 하고자 하는 모든 것을 표현하고, 거절당할 것이라는 두려움 없이 모든 것을 표현할 수 있다. 가족이 아이의 이러한 행동과 바람을 부적절하다고 여길 수도 있지만 가족은 여전히 아이가 정서적으로 건강하고 자신의 능력을 확신하도록 무조건적인 사랑과 용납을 보여 주어야 한다. 가족이 아이의 정체성과 감정과 행동을 용납하는 것은 하나님의 사랑과

---

[19] 이 특성들은 마요리 톰슨의 책 Family: The Forming Center, Upper Room Books, 1997에 나온다.
[20] Edwards, Tilden M., Living with Apocalypse, ed. Dolres Leckey, Harper Collins, 1984, 172.

용납을 아이에게 보여 주는 것이며, 이는 어린이가 하나님의 사랑을 제대로 경험하는 데 영향을 끼친다.

가족은 아이에게 가족의 은사, 능력, 책임감에 대한 확신을 나누어 주고, 이렇게 함으로 가족은 그 아이 자신이 사랑받을 만하고 유능한 존재임을 깨닫도록 돕는다. 손으로 그린 그림을 냉장고 문에 붙여 놓는 것, 처음으로 한 모험적인 일들을 칭찬하는 것, 무조건적 사랑으로 권하는 나이에 맞는 행동 기대감, 용기를 북돋아 주려고 축구 경기를 참관하는 것, 아이의 유쾌하고 사랑받을 만한 좋은 기질들을 일일이 말해 주는 것들은 부모가 아이들이 건전한 자기 평가와 인격적 신뢰감을 발전하게 하는 방법들의 일부다. 아이의 개성과 능력을 가족이 인정해 주는 것은 아이의 삶에서 하나님께서 긍정적으로 함께하심을 알게 하고, 아이가 하나님의 영광스러운 피조물의 한 부분으로 하나님께 사랑받고 있음도 깨닫게 한다.

가정은 아이가 위협받지 않는 분위기 내에서 자녀들에게 책임을 제공한다. 가정은 어린이에게 옳고 정당한 가족 관계가 무엇과 같은지 그 모델이 될 수 있다. 형제자매와 함께 살면서 부모가 그들 중의 여럿과 관계를 맺는 것을 보면서 아이들은 다른 사람과 어떻게 친밀한 관계를 맺으며 살아가는지 배운다. 부모는 다루기 어려운 형제나 자매와 함께 풍랑을 통과하면서 아이가 함께 조화하는 삶을 알도록 돕는다. 부모는 가족 관계 안에서 행해진 옳고 옳지 않은 행동들에 대해 아이들이 책임지는 법을 알려 준다. 이러한 교육은 아이가 가족 관계 밖에서 어떻게 서로 관계를 맺으며 살아가야 하는지 배우게 하며, 신앙 공동체 안에서 더 크게는 세상에서 바르게 살도록 준비시켜 준다.

다른 사람들과의 관계 속에서 사는 법을 배우는 그 일부분은 곧 용서하는 방법을 배우는 것이다. 예수님과 서신서 저자들은 용서에 관해서 많이 언급한다. 하나님께서 우리를 용서하신 것처럼 우리도 다른 사람을 용서해야 하는데 이는 가족 안과 밖에서 동일하게 이루어져야 한다. 톰슨은 용서를 "심판이 공정하든 공정하지 않든 우리에게 상처 준 사람을 우리의 심판 판결에서 해방해 주려고 의식적인 선택을 하는 것"이라고 정의한다.[21] 용서를 배우고 실제로 용서하는 것은 영적 성숙에 있어서 대단히 중요한 부분으로 이것은 결코 교실에서는 배울 수 없다.

참된 용서는 우리에게 무엇인가를 희생하게 한다. 만일 하나의 관계가 한 어린이에게 매우 사소한 의미라면 그 관계에서 용서를 주고받는 행위 역시 사소한 의미일 것이다. 하지만 자녀들이 자기들의 부모가 서로 용서하는 것을 볼 때, 또 부모나 형제자매로부터 용서라는 선물을 받을 때, 또는 부모나 형제를 용서할 기회가 있을 때 그 아이들은 용서의 의미와 능력을 체험하며 성장할 것이다. 매일의 가정생활은 크고 작은 용서를 실천할 무수한 기회가 있으며, 은혜라는 하나님의 위대한 선물을 발견

---

21) Thompson, 65.

하게 한다.

교회 공동체도 아이들에게는 안전한 안식처이며 또 그렇게 되어야 하지만, 교회 공동체가 가정이라는 안식처와 결코 비교될 수는 없다. 가정은 하나님의 사랑, 공의, 용서라는 독특한 모델을 제공해 준다. 안정적인 가정은 아이들이 예수님의 길을 따르는 것을 배울 때 감정, 의문, 이상들을 시험해 보게 한다.

이야기 지킴이

톰슨은 또한 신앙 형성에서 가족의 역할을 이야기 해 주고 인도하는 역할이라고 정의한다. 이 역할 모델은 구약의 신명기에서 발견된다(이 구절들은 앞부분에서 이미 언급했다). 톰슨에 따르면 가족은 세 가지 이야기를 가졌다. 첫째로, 가족은 아이들과 함께 나눌 믿음 생활에 대한 개인적 이야기가 있다. 모든 아이들은 자기들이 태어난 날의 이야기를 듣고 싶어 한다. 부모는 자꾸 반복해서 이야기하면서 그때마다 이 특별한 날의 중심에 하나님이 계셨음을 말해 주어야 한다. 부모와 할아버지, 할머니는 어떻게 자신들이 하나님을 사랑하게 되었는지 아이들과 함께 나누어야 한다. 그들은 또한 더 큰 신앙 공동체가 수년간 자기들에게 중요한 역할을 해 온 방식들을 말해 줄 수 있다.

둘째로, 가족들은 아이들에게 가족의 역사를 들려주어서 그 아이들이 자기 가족에 대한 역사의식과 연관성과 전통과 안정감을 느끼게 한다. 아이들은 자기들과 같은 나이 때의 할머니, 할아버지, 엄마, 아빠의 이야기를 듣기를 좋아한다. 그들은 또한 다른 세대에서 자라는 것이 어떤 것인지 듣기를 좋아하며, 사람들이 정말로 컴퓨터나 게임보이나 미니밴 차가 없는 세상에서 살았다는 사실에 놀라워한다. 이 이야기들은 아이들을 즐겁게 해 줄 뿐만 아니라 영원한 어떤 것의 일부분이 된다는 감각, 강하고 안전한 어떤 것에 대한 생각을 심어 준다.

마지막으로, 가족은 하나님 백성에 대한 수세대를 넘어 전해져 온 성경 이야기를 가졌다. 성경 이야기들을 가족의 틀 안에서 아이들에게 들려주면 그들은 그 이야기를 자기들의 일로 듣는다. 대부분의 부모들이 성경 이야기를 설교와 연관시켜 생각하지 못한다. 하지만 성경 이야기는 아이들의 마음에서 운동하여 아이들 자신만의 결론으로 정착된다. 가정은 아이들이 하나님의 말씀을 주석이나 논쟁이 없이 그대로 들을 수 있는 거의 유일한 장소일 것이다. 아이들은 하나님의 이야기 속에서 살아가기 전에 먼저 하나님의 이야기를 들어야 한다. 아이들이 가족에게서 가족의 이야기와 하나님의 이야기를 듣는 것 자체가 아이들을 바로 그렇게 행하게 한다.

분명히 교회는 아이들에게 이런 이야기를 들려주고 아이들이 공동체라는 더 폭넓은 이야기에서 자기들의 공간을 찾는 장소를 제공할 책임이 있다. 그러나 신앙 형성의 수단으로 이야기 개념이 실제로 구체화하는 장소는 가정이다. 가정은 하나님의 이야기와 그들의 이야기를 자연스럽게 해 줄 수 있는 곳이며, 특정한 상황에 맞춰서 성경 이야기를 해 줄 수도 있다. 가족들은 아이들이나 상황에 따라 이야기를 재단할 수 있다. 가족들은 이야기를 계속 반복하여, 전반적으로 말할 수 있고 누구도 (어쩌면 십대들은 제외하고) 이 이야기를 지나치게 많이 듣는다고 불평하지 않는다. 그 수많은 이야기들은 가정생활의 바탕이 된다. 신앙 공동체의 구성원들은 이야기를 함께 만들어 내는 반면에 가족들은 자신들의 신앙과 그 신앙 체험 이야기를 창출해 낼 더 많은 기회가 있다.

종

앞에서 언급한 바와 같이, 시민 의식에는 사회적 성격이 있고 하나님이 창조하신 것들에 대한 책임이 있다. 이 이해가 가정생활을 통하여 아이들에게 서서히 주입된다면 시민 의식이 신앙 공동체 속으로 옮겨가는 일이 자연적으로 일어날 것이다.

봉사는 건강한 가정을 위한 필수적 기초다. 가정이 유지되기 위해 구성원들은 삶이 원활하게 진행되도록 여러 가지 필수적인 일을 공유해야 한다. 이것은 한 아이가 다른 아이들이 어지럽힌 장난감들을 치운다는 것을 의미할 수도 있다. 아이가 다른 가족이 먹은 접시를 치워야 한다는 것을 의미할 수도 있다. 가정생활은 쓰레기를 치우거나 설거지한 접시들을 정리하는 등 다른 사람에게 봉사한다는 것을 의미한다. 이것은 가족 중 한 사람이 다른 것을 원하기 때문에 내가 원하는 것을 희생하는 것을 의미한다. 이런 봉사와 희생에서의 매일의 노력은 신앙 공동체가 우리에게 요구하는 섬기는 삶을 위한 기초를 놓아 준다.

가정은 아이들에게 경제적인 자원을 제공해 주는 것뿐만 아니라 하나님께서 우리가 세상의 자원을 어떻게 취급하기를 원하시는지 즉 청지기 직무를 가르치기에 적합하다. 돈에 대한 태도는 중요하다. 돈을 이해하고 사용하는 방법은 보통 어린 시절에 형성된 태도에서 비롯된다. 아이들의 영적 보살핌에 관심이 있는 기독교인 부모들은 다른 사람들을 향한 너그러움에 관해서 자녀들의 모델이 되고 가르칠 뿐만 아니라 너그러움이 이 땅에서 하나님 나라를 이룩하는 데 어떻게 도움이 되는지 알려 줄 큰 책임이 있다. 그러므로 부모들은 돈과 너그러움에 대한 자신의 태도를 엄격하게 살펴야 한다. 만약 돈이 그들에게 우상이라면 자녀들에게도 우상이 될 것이고 그 자녀가 주일 학교 공부를 얼마나 많이 하는지는 전혀 상관이 없을 것이다.

가정은 또한 아이들이 다른 사람을 용납하고 사랑하는 마음을 기르는 데 강력한 힘이 되는 곳이다. 만약 부모가 가난한 사람을 멸시한다면 틀림없이 그 가족의 아이들도 똑같은 태도를 가질 것이다. 가족이 자기들과 성품이나 지위가 다른 사람이 두려워서 자기들과 비슷한 사람들과만 시간을 보낸다면 아이들은 자기들의 가족과 똑같은 도덕적·종교적 시각을 가지지 않은 사람들에게 우월적인 태도를 발전시킬 가능성이 높다. 나는 기독교 학교에 출석하면서 진리를 아는 무리에 속하지 않은 다른 친구들과 이웃들을 멸시하는 어린이들과 십대들에 대해 수많은 이야기를 들었다. 영적으로 성숙한 사람이 된다는 것은 예수님이 하신 것처럼 세상을 사랑한다는 것을 의미한다. 인종, 경제적 능력, 특권의 경계 밖에 있는 사람을 사랑하는 것이다. 가족은 아이들의 이런 능력을 발달시키는 데 결정적인 역할을 한다.

가정 밖의 궁핍한 사람들을 적극적으로 돕는 활동은 이것이 다른 사람을 섬기는 삶임을 아이들에게 알려 준다. 자비를 베풀고 배려하거나 정의로운 일을 함에 있어서 가족이 연루되어 있다는 사실을 의미할 수도 있다. 매년 크리스마스 때 우리 교회는 '(아낌없이) 주는 나무 프로젝트'를 후원한다. 강림절이 시작될 때 크리스마스트리는 우리 지역의 특정한 선교 단체나 사회봉사 단체에서 도움 받는 사람들에게 보내는 선물 꼬리표로 가득 찬다. 어떤 해에 우리는 도시 중심에 있는 저소득층의 어린이들에게 장난감들을 선물했다. 또 다른 해에는 우리 도시에 있는 집 없는 남자와 여자들에게 줄 화장품과 장갑 선물 꾸러미를 샀다. 각 가족들은 나무의 꼬리표에서 암시하는 물건들을 함께 구입해서 그 선물들을 나무 밑에다가 둔다. 매년 폭발적인 반응을 얻는 프로젝트다.

한번은 내가 어린이 사역 위원회에게 이 프로젝트를 중단

하고 다른 일을 물색해 볼 생각이 없는지 물었다. 나는 모든 참석자들로부터 "안 됩니다."라는 단호한 반대에 부딪혔다. '아낌없이 주는 나무'를 위해 선물을 사는 것은 대부분의 가족들에게 희생이 아니다. 여러 가족들은 자기들보다 더 불행한 삶을 사는 사람들을 돌본다고 생각한다. 이 프로젝트는 가족들에게 남을 도우려는 간절한 마음을 불러일으키고 더 크고 더 나은 섬김의 기회를 만들어 준다.

부모들을 위한 자리

우리 교회는 매년 교회력에 맞추어 부모와 아이들이 성경 이야기와 공동체의 삶을 함께 나누는 부모/자녀 학습 이벤트를 다양하게 제공한다. 매해 대강절 첫 주말에 가족 대강절 전시회를 준비하는데 주일 학교 교사들은 대강절 절기의 의미를 가르치기 위해서, 또 가족들이 크리스마스를 신앙적으로 함께 축하하도록 다양한 행사 활동들을 갖추어 놓는다. 가족들은 간단한 대강절 화환이나 달력을 만든다. 또는 아기 예수님의 인형을 만들어서 그들이 기다리는 이 절기가 어떤 의미인지 상기시켜 준다. 가족들이 작업을 하면서 하나님이 주신 선물에 관해 대화하는 모습을 보는 일은 아주 즐거운 일이다. 그들이 만드는 상당히 많은 물건들이 대강절의 절기를 나타내는 데 사용되는데, 그들은 가정에서 이러한 아이디어를 놓고 이야기를 나눈다.

우리는 또한 부모들과 초등학생들을 위한 대강절 반과 미취학 어린이들과 함께하는 가족들을 위한 반을 도와준다. 여기서 다시 가족들은 절기의 특별한 의미를 나누고, 대강절을 기다리는 동안 내내 사용될 어떤 것을 만들거나 어떤 일을 체험한다. 대강절 절기마다 우리는 가족들이 집에서 대강절과 성탄절을 축하하기 위한 아이디어나 대강절 화환 둘레에 사용할 아이디어들이 가득 적힌 작은 책자를 제공한다.

사순절 절기에는 성탄절이나 대강절처럼 축제적인 분위기는 아니지만 가족들이 부활절의 영적 축제를 누리도록 자신들을 준비하는 의미로 함께 봉사하고 기도하며 참회할 시간을 제공한다. 우리는 부모와 학교에 다니는 어린이들을 위하여 '사순절 이해' 반을 개설해 교육한다. 어느 해에는 나비와 나무를 만들었다. 가족들은 함께 나비의 애벌레와 나비들을 만들었다. 사순절 내내 애벌레들이 그 나무에 매달려 있었고 부활절 아침에 이 애벌레는, 예수님의 부활로 말미암아 우리에게 주어진 새롭고 아름다운 생명을 상징하는 나비로 바꾸어졌다. 이 반에서 우리는 또한 사순절 기도 차트를 만들어서 가족들이 매일 가정과 신앙 공동체 모임, 세상 사람들을 놓고 특별 기도를 하도록 했다. 내가 사는 곳은 봄이 시작될 때 사순절 기간이다. 어떤 엄마는 나에게 자기 아들들이 봄이 시작될 때 그 차트를 가지고 다니면서 매주 기도한다고 말해 주었다.

앞 장에서 나는 참회의 화요일 팬케이크에 대해 언급한 바 있다. 우리가 그들이 테이블 주위에 모였을 때 장식용 '할렐루야' 연출을 하라고 한다. 사순절 기간에는 '할렐루야'를 말하지 않는 것이 예배 의식의 전통이기 때문에 가족들이 자기들의 '할렐루야'를 집에서 하도록 하고 그것을 간직해 두었다가 사순절의 6주간 기다림이 끝나는 부활절 아침에 그것을 열고 함께 '할렐루야'를 외치게 한다. 한 가족이 이 일을 아주 진지하게 행했는데 그들의 여섯 살 난 자녀는 부활절까지 기다렸다가 '할렐루야'를 외쳤다. 부활절 아침 예배 시간에 목사님이 할렐루야로 가득 찬 시편을 읽고 있을 때 이 작은 꼬마는 더는 참을 수가 없었다. "할렐루야!" 그 아이는 자기가 할 수 있는 가장 큰 소리로 외쳤다. 나는 여러분에게 이 아이의 유치하지만 큰 기쁨에 차서 터져 나온 소리가 나의 부활절을 만들어 주었다는 사실을 말하고 싶다. 내가 보기에 이는 아이들이 집에서 경험하고 강조한 것들을 제대로 이해하고 있다는 증거였다.

교회는 또한 부모에게 성경의 다양한 의식들을 통하여 가정에서 자녀들의 영혼을 돌볼 도구들을 제공해 주어야 한다. 우리 교회는 매년 2학년 아이들에게 성경을 준다. 한 아이가 성경을 받을 때, 아이와 그 부모 중 최소한 한 명이 성경을 이해하고 사용하는 방법을 배우는 반에 참석할 것을 요청한다. 그들은 성경이 어떻게 기록되었는지, 성경에 관한 흥미 있는 사실들을 배우며, 게임을 하면서 성경의 각 책과 장, 절을 찾는 방법을 배운다. 이 수업이 끝난 후 부모들은 방을 나가면서 나에게 상당히 많이 배웠다고 항상 이야기한다. 한 가족에게 성경 수업과 성경책 선물은 특별한 취침 시간 행사를 만들어 주었다. 2학년이 된 학생은 새로 받은 성경을 사용하는 것에 너무 흥분해서 그의 아버지는 아들의 간청으로 매일 밤 취침 전에 함께 몇 장을 읽었다.

부모들을 돕는 수단으로, 부모와 아이들을 가족 주일 학교에 함께 오게 하는 몇몇 교회의 시도는 교회 프로그램에서 얻은 학습과 경험들을 가정으로 전환시켜 준다. 교회가 영성 성숙에서 가족과 함께 나아갈 필요가 있다. 최근에 캘리포니아(California)의 한 이머징 교회는 각 세대(할아버지, 아버지, 형, 꼬마 아이가 함께하는 모임-역주)가 같이 모이는 주일 학교 체험을 그 교회의 유일한 주일 교육 프로그램으로 제공한다. 미네소타 스틸워터(Stillwater)에 자리 잡은 신앙 인큐베이터(Faith Incubators) 교육 기관은 여러 세대가 함께 참여하는 교육 커리큘럼과 자료들을 제공하면서 어떻게 가족 주일 학교를 충족시켜 주는지 교회를 훈련시킨다. 캘리포니아에 있는 또 다른 이머징 교회는 부모가 자녀들의 영혼을 양육할 수 있도록 아이들과 어른들이 같이 참여하는 소그룹을 만들어서 실험을 하고 있다.

교회들은 자주 부모 역할 세미나와 학습반을 간단하게 만들어 운영하면서 부모들이 준비가 된 사람들이라고 단정해 버린다. 내 생각에는 이것이 부모들이 자녀들의 기본적 영적 성숙에 책임이 있다는 동기 부여와 지원에는 도움을 줄지 몰라도 제대로 장비가 갖추어져 준비된 것은 아니다. 나는 아이들이 어떻게 영적으로 성숙하게 되는지에 관한 워크숍을 후원한 적이 있다. 참석했던 부모들은 나에게 이 프로그램이 많은 도움이 되었으며 자신들이 아이들을 이해하는 그 분야를 너무 모르고 있었다고 말해 주었다.

우리 교회는 양육에 관한 책을 읽고 토론하는 일 년에 두세 번 모이는 비공식적인 아버지 모임이 있다. 나는 여기 모이는 사람들이 이 양육 모임을 기쁘게 기다리는 것을 보지 못했는데, 그 이유는 이 모임이 아버지들만의 모임이고 그들이 책을 읽는 데 그리 많은 시간을 들이지 못하기 때문이다(아버지들이 그 책을 읽지 못했어도 참석할 수 있다). 그러나 참석한 사람들은 모두 유익을 얻고 돌아간다. 이 모임으로 몇 개의 비공식적인, 즉 교회의 스태프진이 만든 공식적으로 프로그램화되지 않은 아버지/자녀들의 행사들, 이를테면 야외 요리와 야구 보러 가는 여행 같은 모임들이 새롭게 탄생했다.

사실 대부분의 부모 세미나에는 별로 참석자가 없다. 전국을 돌아다니며 연설하는 심리학자이자 연설가인 내 친구가 최근에 가정교육 책을 한 권 썼다. 그는 이 책에 쓰인 것들을 가정교육 세미나로 대치해서 책의 주제들과 내용들을 나누면 어떻겠느냐는 질문을 받았다. 그는 경험상 세미나에 참석하려는 사람이 없기 때문에 가능하지 않을 거라고 말했다. 이는 부모들이 교회의 부모 역할 세미나에 거의 기대를 걸고 있지 않음을 알려 준다. 그들이 정말로 원하는 것은 자녀들의 영혼을 양육할 창조적 방법이다.

　　우리가 부모에게 주는 도구는 복잡하거나 돈이 드는 것이 아니다. 부모들은 자주 아이들에게 믿음을 가르치는 데 보탬이 되는 일상생활에서의 기회를 놓친다. 그들은 태평양의 아름다운 일몰이 하나님의 아름다우심과 창조에 관해서 아이들과 이야기할 최고의 시간임을 알 필요가 있다. 무서운 폭풍우는 우리가 두려울 때 예수님에게 어떻게 말해야 하는지를 아이들과 대화할 시간이다. 아이들에게 믿음을 이해시킬 이러한 일상의 기회들은 부모들이 이것을 배운 적이 없기 때문에 그냥 지나친다. 그들은 바쁘고 피곤하며, 하나님은 너무 멀리 있는 것처럼 보인다. 하나님과 멀리 떨어져 있다고 느끼는 부모가 아이들에게 하나님을 전해 주는 것은 불가능하다. 아마도 우리가 부모에게 줄 수 있는 최고의 도구는 로켓 과학 분야라는 믿음을 그들에게서 제거시키는 것일 것이다. 아이들의 영혼은 부드러우면서도, 하나님과의 삶이라는 즐거움과 경이로 채워질 준비가 되어 있다. 일상생활에서 부모들이 진정으로 해야 할 것은 아이들의 믿음을 형성시키는 일에 관해 주의를 기울이고 그렇게 하려는 의도를 가져야 한다는 것이다.

　　요즈음 우리 교회는 가족들에게 신앙을 가족의 삶의 중심으로 가져올 수 있게 하는 책이나 다른 도구들을 제공하려고 애쓰고 있다. 미니애폴리스에 있는 옥스버그 유쓰(The Augsburg Youth)사와 패밀리 인스티튜트(Family Institute)사는 가족이 함께 사용하는 재밌고 실용적인 비(非)도서들을 많이 발간하고 있다. 예를 들면, 식사 시간이나 모든 가족이 함께하는 시간에 같이 이야기하기 위한 질문이나 주제를 담은 '식탁에서의 화젯거리' 카드 묶음이다. 나의 바람은 우리 교회가 부모들이 집에서 찾을 수 있고 확인할 수 있고 또 다른 자료들을 사용할 수 있는 공간을 만드는 것이다. 나는 아이들의 영혼을 돌보느라 벌이는 부모의 투쟁에 지혜를 제공하고 아이들의 신앙 성장을 돕는 모범적인 가정생활의 모습들을 제공하면서 방금 출발한 가족과 유대감을 일으키는 멘토 패밀리가 발전해 나가는 것을 우리 안에서 보고 싶다.

　　이런 생각들까지도 그만큼만 나아갈 수 있을 뿐이다. 어쩌면 움직이는 이 수레바퀴들을 정리하는 가장 중요한 시기는 부부가 부모가 되기 이전일 것이다. 교회에서 나는 가정의 신앙에 대한 결혼 전 워크숍을 지도하는데 커플들이 이룰 가정이 그들의 자녀들에게 신앙 양육의 장소임을 알려 준다. 나는 가정의 전통과 가정에서 겪은 신앙 문제를 질문한다. 나는 그들이 결혼을 하여 자녀를 낳지 않는다면, 결혼을 약속한 대부분의 연인들이 가정의 영적인 삶을 거의 생각하지 않는다는 사실을 알게 되었다. 하지만 아이들을 어떻게 양육하며 영성 교육은 어떻게 시킬 것인지의 토론과 계획은 아이들이 생기기 이전에 해야 한다. 일단 아이들이 태어나면 이런 종류의 토론을 할 시간은 거의 없다.

내가 이 부분을 쓰고 있을 때 내 마음에 이런 목소리가 들렸다; "그런데 가족이 없이 우리 교회에 나오는 아이들은 어떻게 되는가? 이러한 긍정적인 영적 양육이 단지 지나가는 꿈이 된 역기능적 환경에서 자란 아이들은 어떻게 되는가? 이 아이들은 어디서 자기 영혼의 돌봄을 받는가?" 대답은 이들의 영혼 양육은 공동체의 믿음의 식구들로부터 와야 한다는 것이다. 어린이는 가족이 깨졌거나 위기에 처했거나 영적으로 다를 때 긍정적인 영적 성숙의 여정에서 많은 것을 잃는다. 가족들이 지나치게 삶의 문제가 많아서 생활의 경험과 하나님과 함께하는 삶 사이의 연결점을 만들지 못한다면 그 어린이는 가정이라는 호된 시련의 도가니에서 믿음의 소중한 경험들을 잃어버린다.

신앙 공동체는 이러한 아이들에게 방향을 맞추고 특별히 그들의 상황과 가족들에게 맞추어서, 이 어린이들과 가족들이 공동체에 감싸여 있다고 느끼도록 일할 준비를 갖추어야 한다. 구성원들은 이 아이들을 자기 가족으로 '입양'을 하여, 예배나 공동체 이벤트를 거행하는 동안 자기들의 날개 아래 품어 줄 수도 있을 것이다. 아니면 아이가 없는 부부나 젊은 부부가 돌보아 주어서 그 어린이의 가족에게서 얻지 못한 것들을 조금이나마 맛보게 해 줄 수도 있을 것이다. 공동체는 이런 아이들과 가족들을 외면해서는 안 된다. 그들을 돌보는 것은 우리의 중요한 책임이다.

내가 이 장에서 언급한 가정 사역의 이벤트와 아이디어들을 시도해 본 후 다음과 같은 결과를 발견했다. 가장 열정적으로 반응을 보인 가족들은 포스트모던적 세계관에 흠뻑 빠진 가족들이었고, 다가오는 밀레니엄 어린이와 적응 시대 어린이들을 가진 부모들이었다는 것이다. 이 세대들은 가족 중심의 이벤트를 갈망하고 신앙 공동체에 들어 있는 삶의 모든 면에서 아이들을 포함시키기를 원했다. 이머징 교회들이 행하는 어린이 사역은 아이들의 영적인 성숙과 신앙 형성의 중심지인 가족에 그 초점을 맞춰야 한다. 교회는 가족을 포함시키지 않고서는 아이들을 바로 양육할 수 없다. 그러나 가족 역시 혼자서는 교육을 할 수 없다. 신앙 공동체는 아이의 영혼을 돕는 역할에서 또 그들을 돕는 일에서 가족의 역할을 이해하고 가족과 파트너로 일해야만 한다. 그래야 아이들에게 지속적으로 영적 성장과 영적인 이해를 제공할 수 있다.

제7장
성경은 어린이를 위한 것이기도 하다

CHAPTER

07

어린이들의 영혼을 양육할 책임이 있는 우리는 어린이들에게 성경의 능력을 경험할 한 방법으로 성경 이야기 역할극을 할 기회를 주는 것이 바람직하다. 어린이들에게 성경에 나오는 하나님의 이야기를 들려주고 어린이들이 스스로 그 의미를 찾아낼 기회를 주자.

children's ministry

성경은 어린이를 위한 것이기도 하다

작년 크리스마스에 나는 누가복음에 있는 크리스마스 이야기를 아이들 눈높이에 맞춰 좋은 삽화가 그려진 책을 찾아 기독교 서점과 모든 대형 서점을 돌아다녔다. 크리스마스이브 예배 때 사용하려고 했는데 이런 종류의 책을 쉽게 찾을 거라고 생각했다. 하지만 성탄과 관련된 서적들 중에서 내가 원하는 내용에 근접한 책은 단지 두 권에 불과했다. 아! 성육신하신 하나님의 아들 이야기를 다룬 책은 여러 개 발견했지만 모두 마리아, 요셉, 예수님 탄생의 목격자들과 마구간에 있었던 말하는 어린 양이나 어린이들의 이야기를 추가하는 방식으로 장식되어 있었다. 나는 성경 이야기를 찾는 것이 그렇게 어려울 것이라고는 상상도 하지 못했다. 분명히 (최소한 서점에서) 아이들은 하나님이 이 이야기를 우리에게 주신 방법이 아주 재미있다고 생각하지 않을 것이다. 그러므로 이 이야기를 더 멋지게 만들어야 하는 것이다. 나는 열매 없는 책 선택의 어려움이 오늘날 현대 교회가 어린이들에게 성경을 가르치는 데 있어서도 어려움을 상징한다고 생각한다.

성경은 그 안에 하나님의 이야기를 담고 있다. 성경은 기독교인이 인도를 받기 위하여 문의하는 책이다. 그리고 성경은 대부분의 기독교 교회들이 어린이들을 믿음으로 인도하는 데 사용하는 책이다. 하지만 성경 연구에는 성경에 대한 의문점들과 논쟁이 없지 않다.

성경은 수천 년 긴 시간을 넘어 아주 오래전에 쓰였다. 성경의 문화적 환경은 21세기 북아메리카의 문화와 전혀 다르기 때문에 종종 성경 본문은 엄청난 오해를 불러일으키거나 성경의 메시지를 전하는 데 어려움을 겪는다. 성경 이야기는 원래 고대 언어로 기록되었고 번역 과정은 언제나 해석적 · 개인적 · 신학적 선입관으로 가득해 있다. 성경 이야기를 기록했던 사람들은 성경을 쓸 때 우리가 그들의 이야기를 읽을 것이고 하나님이 우리에게 알리고 싶어 하는 감추어진 진리를 설명한다는 사실을 전혀 염두에 두지 않았다. 우리는 자신의 이야기나 공동체의 이야기를 성경의 어떤 본문에 대입시키기 때문에 성경을 주관적으로 읽는다. 성경을 객관적으로 해석하거나 분석하는 것은 결코 있을 수 없다. 우리는 이야기의 저자들이 말하려는 의도가 무엇이었는지 확실히 알지 못한다. 이는 우리가 아이들과 성경을 사용하는 방식에서 조심해야 함을 암시한다.

그래서 포스트모던적 시각을 지닌 사람들과 근/현대적 관점의 사람들이 성경을 보는 풍조가 그렇게 다른 것이다. 20세기 초, 성경을 가르치는 사람들은 일반적으로 사람들이 성경에 대해 일정 수준의 기초적 이해나 지식이 있다고 가정할 수 있었다. 성경은 우리의 세속 그리고 문학 문명의 일부분이었고 대부분의 사람들이 하나님과 성경의 타당성에 대한 최소한의 믿음을 가졌다고 생각할 수 있었다. 그들은 확고하게 예수님을 따르려고 노력하지 않았을 수도 있지만 최소한 예수님이 누구인지는 알았다.

그러나 지금은 이러한 사실이 더이상 일반적인 추세가 아니다. 심지어 교회에서 자란 청년들조차도 성경의 사실들과 세부 사항들을 잘 모른다. 그들은 시, 소설, 영화, TV 프로그램에 나오는 성경적 암시도 이해하지 못한다. 그리고 성경이 말했을 수도 있다고 생각하는 것을 그들이 믿고 있다고 더는 생각할 수 없다. 그들은 어쩌면 성경이 말하는 것의 일부는 믿고 다른 부분은 거부하고 있는지도 모른다. 성경의 진리를 남들이 믿는 것을 정당한 것으로 인정하지만 그것이 자신과 관련이 있다고 깨닫지 못할 수 있다. 아니면 그들은 이 고대 이야기의 경험주의적·해석학적 해석보다는 좀 더 직관적이고 경험적인 해석에 마음을 열지도 모른다. 성경 교사들은 이제 본문을 입증하려고 요점을 지적할 수 없게 되었고 단순히 "성경이 내게 그렇게 말했다."는 것 때문에 사람들이 그것을 진리로 믿을 것이라고 생각하게 되었다.

성경을 읽는 방법

불행하게도 20세기 현대 교회의 성경 해석 방법은 성경을 하나님의 응답 책으로 바꾸어 놓음으로 이 고대 이야기에 대한 경외심이나 신비감, 의도, 권위를 상실하게 만들었다. 당신의 결혼생활에 문제가 있는가? 그럼 이러이러한 성경 구절들을 읽어라. 좋은 아버지가 되고 싶은가? 그럼 기독교 서점에 가서 『아버지를 위한 성경』(The Better Father's Bible)을 사라. 우리는 성경을 아이들에게 가르칠 때 하나님의 이야기에 포함되어 있는 경이나 경외심 같은 것은 박탈하면서 이런 방식으로 성경을 사용한다. 성경은 기독교인 삶을 위한 실제적 지침서로서 만들어진 것이 아니다. 이것은 '자기 계발 서적'이 아니다. 성경은 형언할 수 없는, 강력하신 그리고 불가사의한 하나님이 주인공이신 고대 이야기들의 모음집이다. 성경은 8000년 전과 같이 오늘날에도 관련성이 있으며 오늘날에도 똑같이 강하고 불가사의한 하나님을 계시한다.

이 이야기들은 우리에게 하나님과 하나님이 창조하신 세

계에 대한 객관적인 견해를 가르쳐 주기 위해 구전으로 전해지다가 결국 글로 기록되어 전달된 것이 아니다. 오히려 하나님이 창조물과 어떻게 소통하고 싶어 하시고 세계가 어떻게 되어가기를 원하시는지에 대한 특별한 관점을 우리에게 보여 주기 위하여 전해진 것이다. 성경이 우리에게 주어진 것은 하나님의 인격으로 옷 입는 특별한 생활 방식을 증진시키기 위해서다. 성경은 믿음의 사람으로서 우리가 세계관을 배우고 그 세계 안에서 우리 위치를 발견하는 렌즈가 되어야 한다. 성경은 연구해야 할 사실들로 가득한 교과서나, 좀 더 나은 성생활을 위해서, 어려운 사람들을 다루기 위해, 심지어는 도덕적이고 정결한 삶을 살아가기 위한 비밀 정보들이 적힌 단순한 책이 아니다.

단순히 교리의 신조, 절대 불변의 도덕적 기준, 더 나은 삶을 살기 위한 요령, 또는 노력하는 영웅의 이야기를 가르치려고 어린이들에게 성경을 사용한다면 우리는 어린이들의 신앙 형성을 방해하고 그들에게서 귀중하고 신령한 하나님의 이야기를 빼앗는 것이다. 만일 우리가 성경을 걸러내어 실제적 적용이나 사소한 삶의 교훈으로만 받아들인다면 어린이들에게 성경을 세상에서 무엇보다 중요한 하나님의 목적을 이해하는 수단으로 사용하는 방법을 가르치는 데 실패하는 것이다. 우리는 어린이 자신의 이야기를 하나님의 이야기라는 빛 가운데서 이해할 능력을 주지 못하는 것이다. 어린이에게 성경이 무엇을 말하는지, 특정한 성경 구절에서 무엇을 믿을 것인지를 말해 주는 일은 우리가 어린이에게서 그들 자신을 위해 본문을 경험하거나 자신의 상황, 더 크게는 그들의 세계라는 그들만의 상황에서 성경의 의미를 이끌어 내는 능력을 빼앗는 것이다. 성경을 스스로 경험하는 것은 성경의 사실이나 영적인 이치를 배우는 것보다 훨씬 더 가치 있는 영적 기술이다.

만일 우리가 단지 어떤 도덕적·신학적 행동 강령을 주입시키기 위해 어린이들에게 성경을 가르친다면 성경을 '이솝 우화'로 부르는 죄를 범하는 것이다. 문학 역사는 우리에게 도덕적 우화를 제공해 준다. 어린이에게 도덕적 교훈을 가르치기 위해서 성경이 필요한 것은 아니다. 성경이 필요한 이유는 아이들에게 하나님과 하나님의 이야기 그리고 하나님의 길을 소개하기 위해서다. 그러나 나는 대부분의 주일 학교 커리큘럼들이 아이들이 하나님을 더 잘 알도록 돕기보다는 (물론 나쁘다고 볼 수는 없겠지만) 이들에게 친절하고, 부모에 순종하고 정직하도록 가르치는 것에 초점을 맞추고 있다고 생각한다. 우리는 성경 이야기가 마치 아이들에게 도덕적 교훈을 가르치기 위해 우리에게 주어진 것처럼 사용한다!

예를 들어, 오병이어를 예수께 드린 소년의 이야기는 종종 아이들에게 그들이 가진 것을 다른 사람들과 나누라는 가르침을 주려고 사용된다. 아이들은 어린 소년이 언덕에 있는 다른 사람들과 자신의 점심을 나누려 했을 때 예수님이 기뻐하셨다고 배운다. 가정에서는 우리가 가진 것을 다른 이에게 나누어 주면 예수님이 기뻐하실 것이라고 가르친다. 하지만 이 이야기가 정말 그런 의미인가? 이것이 진정 하나님이 이 이야기를 성경에 집어넣은 이유일까?

아이들의 영혼이 성숙해지기를 바란다면 우리는 그들에게 예수님이 우리가 가진 것을 다른 사람들에게 나누어 주는 것을 기뻐하신다고 가르치기보다 더 깊은 어떤 것을 가르쳐 주어야 한다. 성경 이야기를 가르치기 전에 왜 하나님이 이 이야기를 성경에 포함시켰는지 생각해 보아야 한다. 예수님과 성경의 인물들은 성경에 기록되어 있지 않은 많은 일을 했다. 그러므로 복음서 및 다른 성경의 저자들이 자기들의 기사에 포함시킨 내용들과 관계된 어떤 일을 했다면, 이러한 특별한 이야기가 왜 포함되었는지 생각하는 데 약간의 시간을 소비할 필요가 있다.

이는 우리가 아이들과 함께 성경을 연구하면서 어린이들에게 물어 볼 수 있는 굉장한 질문이기도 하다. 언덕에서 오천 명을 먹였던 본래의 이야기로 돌아가서 우리가 읽은 복음서에 기초해서 보면 이 이야기는 점심을 나눈 소년의 행동보다는 예수님의 사명을 제자들에게 가르치시는 예수님과 더 관계가 있다. 그렇다면 예수님의 인격과 의도를 탐색해 보는 것이 성경 본문의 신성한 성격과 더 일관성이 있지 않겠는가?

우리가 어린이들에게 성경을 가르칠 때 성경의 진짜 주인공을 잊어서는 안 된다. 성경은 근본적으로 하나님과 성육신하신 하나님이신 예수님의 이야기며, 또 피조물을 구속하시려는 하나님의 계획이라는 사실이다. 우리가 그것을 잊지 않을 때 어린이들은 성경이 주로 모세, 여호수아, 다윗, 다니엘에 대한 것이라고 생각하는 교회 교육 프로그램에서 탈피할 수 있다. 우리는 성경의 등장인물들을 우리가 닮아야만 하는 역사의 대단한 영웅들로 취급한다. 예수님을 사람의 형상을 입은 하나님이 아니라 매우 대단한 영웅으로 다룬다. 우리는 골리앗을 죽이는 다윗의 용기와 하나님을 향한 신뢰를 어린이들에게 이야기하는 것을 아주 좋아한다. 하지만 다윗의 인간적인 실수나 다윗을 택한 하나님의 선택과 다윗의 삶에서 하나님의 응답 부분은 거의 가르치지 않는다.

우리는 다니엘을 들어 하나님을 향한 충성심의 모범으로, 하나님의 보호를 받은 자의 모범으로 가르친다. 하지만 다니엘의 이야기가 포로 기간 동안 유대 백성을 위한 하나님의 계획과 어떻게 잘 연결되는지, 더 나아가 다니엘이 하나님께 복종함으로 하나님의 계획을 어떻게 도왔는지 어린이들에게 거의 알려주지 못하고 있다.

우리는 부활절에 어린이들에게 기독교 믿음의 핵심 부분인 예수님의 부활을 어떤 최고 영웅의 가장 위대한 행위로 가르친다. 하지만 이 땅 위에 임재하시는 예수님의 신비나 그분이 오심으로 하나님의 백성을 완전히 새로운 장으로 인도하신 사실은 적당히 얼버무리는 경향이 있다.

성경 본문에서 - 어린이들에게 어떤 역사적 · 문화적 · 신학적 상황을 설명하지 않은 채 - 성경의 영웅들 이야기들을 이끌어 내거나 단지 영웅들의 공적에만 머물러 있게 함으로 성경에 들어 있는 하나님 이야기라는 큰 그림을 아이들에게 묘사해 주는 데에 실패하고 있다. 성경의 조각들이 모여서, 하나님이 사랑으로 인간과 다른 피조물을 돌보신다는 놀랍고 멋진 그림을 짜 맞추어 간다는 사실을 어린이들에게 제대로 알려 주지 못하는 것이다.

또한 우리가 성경을 감상적으로 취급한다면 어린이들에게 하나님 이야기라는 참된 그림을 제공하지 못한다. 많은 교회들이 유아부나 유치부실 벽에 노아와 방주 이야기에 대한 별난 그림을 그려 놓는다. 큰 보트에 둘씩 짝지어 타고 있는 귀엽고 깜찍한 동물 그림은 어린이들에게는 아주 친근감을 주는 그림이 될 수도 있다. 하지만 최근에 내가 창세기에서 이 이야기를 다시 읽었을 때 그것은 귀엽고 깜찍한 이야기가 아니었다. 피조물을 향한 하나님의 진노와 그 피조물을 보존시키고자 하는 하나님의 바람에 관한 이야기다. 이 동물들과 사람들은 단지 배가 카리브 해를 둥둥 떠다니라고 탄 게 아니라 자기들의 생명을 구하기 위하여 배에 올라타고 있었던 것이다. 게다가 우리는 동물들과 무지개는 장황하게 설명하면서 방주를 지은 이유나 비가 내렸던 이유를 무시해버린다. 우리가 전체적인 이야기를 하면 아이들에게 하나님의 체면이 깎일까봐 두려워하는 것인가? 아니면 아이들이 하나님을 무서워하게 될까봐 걱정하는 것인가? 아니면 우리 자신에게 이 이야기가 불편한 것인가? 어쩌면 우리는 이 이야기의 의미를 모르기에 아이들에게 무엇을 말해 주어야 할지 모를 수도 있다. 그래서 그 이야기를 좀 더 우리의 입맛에 맞게 왜곡시키는 것이다.

하나님은 자비와 사랑과 용서의 하나님이다. 방주 이야기에서 하나님의 속성은 살아계시며 친절하시다는 것이다. 하나님의 성품 중 일부분만 알려 주는 것은 우리의 지식으로 어린이들을 속이는 것이다. 우리가 하나님 이야기를 감상적으로 취급한다면 아이들에게 하나님에 대한 잘못된 시각을 심어 주게 된다. 자비로워 보이지 않는 하나님의 성품들을 어린이들에게 소개하지 않는 것은 하나님의 모든 부분을 사랑하고 이해할 수 있는 아이들의 능력을 공개적으로 매도하는 것이다.

성경을 가르치는 방법

전통적 주일 학교 성경 교육과, 출판된 커리큘럼이나 자체 커리큘럼을 작성하는 교회들에서 동일하게 지속적으로 발견되는 또 다른 문제점은 수업이나 가르침이 거의 제대로 이루어지지 못한다는 것이다. 교회에서 아이들을 교육하는 사람들이 자기 시간을 기꺼이 내어 놓는 점에서 훌륭하기는 하지만 자원 봉사자의 대부분이 아이들이 어떻게 생각하고 배우는지 거의 알지 못하며 교실을 관리하는 기술도 지극히 부족하다. 이러한 교사와 학생 간의 간격은 교사들이 교사 지침서에 있는 정보들을 아이들에게 앵무새처럼 그대로 들려주는 것 이상은 아무것도 할 수 없다는 것을 의미한다. 아이들이 상상력으로 성경 이야기를 따라갈 기회를 제공하지 못할 뿐만 아니라 성경 이야기를 그대로 행동으로 옮길 수 있는 기회를 전혀 제공하지 못한다.

  훈련 부족, 아이들이 어떻게 판단을 내리고 배우는지에 관한 지식의 결핍, 수업 준비 소홀이 성경을 제대로 가르치지 못하는 가장 중요한 이유이다. 이것이 오늘날의 어린이들이 성경과 하나님 이야기를 그들의 삶, 문화 그리고 궁극적으로 세상과 서로 연관된 것으로 여기지 못하게 한다. 교회에서 자란 대학생들을 대상으로 한 연구와 여론 조사 결과 이 학생들이 믿음의 사람으로 사는 것이 자기들의 실제 세계와 실제의 삶에서 어떤 모습으로 나타나는지를 아는 데 필요한 성경 이야기나 지적·효과적 행동의 도약을 위한 지식이 거의 혹은 전혀 없다는 사실은 놀랄 일이 아니다.

  몇몇 교회들은 즐거움과 재미의 수단으로 성경을 사용함으로 아이들에게 하나님의 이야기가 관련되어 있다는 사실을 알려 주려고 시도한다. 많은 어린이용 성경과 어린이용 비디오의 표지를 면밀히 조사해서 성경의 인물들과 성경 이야기를 재미있는 만화나 캐리커처로 볼 수 있게 하는 것이다. 지금은 우리가 화려하고 시선을 사로잡는 자료들을 만드는 데 아무런 문제도 없지만 이러한 표현 저변에 자리 잡고 있는 메시지를 알아차

려야 한다. 아이들에게 성경이 다른 이야기나 비디오와 다른 점이 없다고 가르칠 수 있는 것이다. 어린이들에게 성경을 단순히 재미와 즐거움을 위한 책으로 소개한다면 우리는 결국 하나님을 다른 사람에게 친절하고 자상하고 긍정적인 사람이 되길 원하는 우주의 (옛날 친구로서 예수님과 함께 있었던) 유쾌한 선생님으로 여기는 아이들을 길러 낼지도 모른다. 하나님 이야기들은 그보다 훨씬 더한 이야기다.

많은 교회의 어린이 기초 성경 교육 프로그램들이 재미있는 촌극들로 이루어져 있다. 수동적인 아이들은 앉아서 인형을 보고, 익살스러운 말을 듣고, 비디오를 보고, 성경에 근거한 성경 이야기들이나 성경의 영웅들에 관한 교묘하고 환상적인 손놀림을 감상한다. 아이들은 때때로 무대에서 함께 참여할 수 있고, 참석하라고 앞으로 불려 나갈 수도 있다. 또는 '예수를 위해 뛰어놀자' 같은 노래를 부르면서 주변을 뛰어다닐 수도 있다(하지만 이게 아이들에게 무슨 의미가 있을까?).

물론 아이들은 이 시간을 즐긴다. 하지만 나는 아이들의 영적인 삶이나 하나님을 만나는 체험이 이 프로그램으로 강화될 것이라고 보지 않는다. 이 프로그램은 신앙 공동체의 성인 교인들과 다른 어린이들과의 상호 교류는 거의 이루어지지 않는다. 거기에는 성경 이야기에 놀라워하고 그 이야기대로 살아볼 기회가 전혀 없다. 이런 프로그램들은 대단히 창의적이고 어린이들에게 친근하게 만들어졌지만 아이들이 성경의 하나님을 만나고 하나님의 백성으로서 어떻게 살아야 할지를 깨닫게 하는 데에는 거의 도움을 주지 못한다.

그렇다면 우리는 성경에 있는 하나님의 이야기를 어떻게 아이들과 나누면 좋을까? 먼저 우리는 성경 이야기를 정치적·신학적·도덕적 문제에 관한 것이 아니라 언제나 하나님에 관한 것으로 만들어 주어야 한다. 우리는 사람이 이 성경 이야기를 아는 것이 어째서 하나님께 그렇게 중요한지를 물으면서, 어린이들과 함께 하나님의 이야기에 대한 전체 문맥에서 성경 이야기를 연구하는 것이 필요하다. 우리는 또한 아이들이 스스로 "이 이야기가 하나님과 관련되어 우리에게 무엇을 말하는가? 피조물을 위한 하나님의 계획이 무엇인가?"라고 물으면서 성경 이야기를 탐구하도록 지도하는 것이 필요하다.

우리가 성경 이야기를 단순히 생활의 교훈을 가르치기 위해 사용한다면 이는 성경의 능력을 희석시켜 하나님의 신비에 대한 아이들의 호기심과 경이감과 경외심을 손상시킨다. 이는 성경을 단순히 옳고 그름을 가르치는 현학적인 책으로 만드는 것이다. 어떤 아이도 이런 종류의 책을 사랑하려고 하지 않을 것이다. 우리는 성경을 개인적 적용을 묘사하는 데 지나치게 관심을 둘 필요가 없다. 오히려 세상 전체를 둘러싸고 있는 하나님의 이야기에 관심을 기울여야 한다.

포스트모던적 시각을 지닌 사람들은 성경이 본인에게 무엇을 의미하는지 듣는 일에 별로 관심이 없다. 그들은 성경 구절의 삼중 적용에 관해 열심히 들으려하지 않고, 집에서 기록해 놓은 것을 다시 읽는 일에도, 그것을 실제로 행하는 일에도 별로 열심을 내지 않는다(그런데 이 노트에 적힌 것을 정말로 행동으로 옮긴 적이 몇 번이나 있었을까?). 포스트모던 사람들은 성경이 무엇을 말하는지 알고자 하고, 자기들이 원하는 일을 스스로 결심한다. 그들은 성경 연구의 폐쇄 체계가 아닌 열린 체계를 원한다.

성경이 말하게 하라

오늘날의 아이들과 성경을 나눌 때 우리에게 필요한 것은 오직 그 성경 이야기만 드러나도록 하는 것이다. 우리는 아이들에게 성경 이야기를 들려주고, 성경 이야기를 경험하게 하고, 성경 이야기 속으로 들어가게 해야 한다. 우리가 아이들에게 아동문학의 멋진 이야기들을 들려줄 때 그들에게 삶의 적용에 대해서는 말하지 않는다. 오히려 우리는 이야기로 그들의 상상력을 자극하고, 그 이야기를 아이들의 특정한 상황과 연결시킨다. 그런데 왜 우리는 성경 이야기는 다르게 취급하는가? 『어린이에게 복음을 제공해 주어라』(Offering the Gospel to Children)는 책에서 저자 그레첸 프리차드 울프(Gretchen Pritchard Wolff)는 이렇게 기술한다:

> 우리는 성경 이야기를 서투르게 전해서 감상적으로 만들거나 인기 있게 만든다. 또 그것을 왜곡하거나 신학적 교리들로 분석

하고 축소시키는데, 선생님을 기쁘게 하려고 배우는 하나의 훈계로 만들어서 성경 이야기의 능력을 박탈해 버리기도 한다. 우리가 성경을 너무 자주 말한다고 해서 그것의 능력이 사라질 리는 없다. 그것은 계속 반복해서 직접적으로, 예배 의식 가운데 복음으로 들려주어야 할 가치가 있으며, 마치 가공된 이야기, 신화, 예술 작품으로 비칠 정도로 들려줄 가치가 있다. 또한 우리 어린이에게 점토로, 그림으로, 그들의 몸과 목소리로, 그들의 상상과 마음으로, 예배에서, 성찬에서, 축제와 역할극에서 이 이야기에 반응할 기회를 주어야 한다.[22]

어린이들의 영혼을 양육할 책임이 있는 우리는 아이들에게 성경의 능력을 경험할 한 방법으로 성경 이야기 역할극을 할 기회를 주는 것이 바람직하다. 아이들에게 성경에 나오는 하나님의 이야기를 들려주고 아이들이 스스로 그 의미를 찾아낼 기회를 주자.

미술, 음악, 게임, 역사, 다른 이야기들(개인 이야기든 소설이든), 토론, 작문, 예배라는 매체를 통해서 어린이들이 성경 이야기들 가운데서 하나님께서 무엇을 말씀하시는지를 이해하게 되었다면 어떤 일이 일어날지 상상해 보라. 우리가 하나님께서 성경의 기사를 통해서 아이들에게 의미를 제대로 전달하시게 한다면

---

22) Pritchard, Gretchen Wolff, Offering Gospel to Children, Cowley Publications, 1992, 14.

어떤 일이 일어날지 상상해 보라. 아이들이 특별한 성경 이야기와 관련하여 주일 학교나 방학 성경 학교를 다녔기 때문에 거기서 무엇을 배워서 그것을 행해야 한다는 선입관을 갖지 말자. 우리가 어린이들에게 성경 이야기를 설명해 주고 그것을 성문화할 필요가 있다고 생각함으로 이렇게 특별한 사랑으로 우리에게 주신, 이 살아 있는 책에서 말씀하시는 하나님의 능력을 빼앗고 있다.

아주 최근에 나는 초등학교 상급반 학생들이 이스라엘 백성의 출애굽을 체험하도록 학습 체험을 개발했다. 우리는 상형문자를 직접 써 보고 이집트인들이 착용했을 것 같은 모조보석을 만들면서 이집트인들의 삶의 단면들을 연구했다. 우리는 "어떤 삶이 이집트인의 삶이었을까? 바로의 궁전에서 성장하는 것이 어떤 삶이었을까?" 서로 대화를 나누었다. 그리고 이전에 알고 있던 모세에 대한 지식들을 차례로 열거하며 대화를 나누었다.

그 다음에 히브리인의 종살이를 연구했다. 출애굽기의 처음 14구절들을 함께 읽었는데, 하나님의 백성들이 노예로 전락한 상황, 노예 생활들의 몇 가지 형태들, 이스라엘 족속들이 아이를 많이 낳자 바로 왕이 경계하는 내용이었다. 그 다음에 아이들에게 고대 이집트에서 노예로 사는 것이 어떤 생활이었을지 개인적으로 생각해 보도록 했다. 아이들은 침착히 이 토론에 열중하며 노예 생활에 대한 흥미롭고 통찰력 있는 생각들을 내어 놓았다. 그 후 모세의 일생의 전반부를 다룬 비디오를 보았다. 그리고 지금 본 이야기를 조용히 생각해 보고 특별하게 생각되는 부분이 무엇인지 나누자고 했다. 나는 이 이야기를 설명하거나 내 생각에는 그 의미가 이야기의 문화적 암시에 관한 설명과는 좀 다르다는 종류의 언급은 전혀 하지 않았다.

남자 어린이 중 한 명은 모세의 가족이 모세를 지키려고 내렸던 결정에 충격을 받았다. 다른 아이는 바구니에 담겨서 산 채로 강을 따라 떠내려간 사실을 놀라워했는데, 아마도 이 아이는 여기서 하나님의 기적적 개입을 생각하고 있는 것으로 보였다. 어린이들은 누구도 이 이야기를 자기들의 삶에서 어떻게 적용해야 할지 묻지 않았고, 이 이야기가 주는 영적인 교훈을 이끌어 내려고 하지도 않았다. 그들은 단지 다양한 대화와 여러 활동들을 함께하면서 이 일들을 했다.

그 다음 시간에 우리는 모세의 생애에서 보지 않은 비디오의 나머지 뒷부분, 즉 불타는 가시떨기나무, 재앙, 결국 출애굽한 내용을 시청했다. 불타는 가시떨기나무 사건과 뒤이어 나오는, 완고한 바로에게 내린 재앙을 나눌 때에는 어린이들이 주도권을 잡고 오늘날에도 하나님께서 그러한 재앙을 내리실지에 대해 토론했다. "오늘날 하나님께서는 하나님의 말씀을 듣지 않는 사람들을 어떤 방식으로 다루실까?" 나는 직접적인 답을 하지 않고, 그 대신 어린이들에게 이 의문점을 곰곰이 생각해 보고 생각나는 답을 말해 달라고 요구했다. 그 다음에 우리는 유월절

축제라는 상징적인 행사를 통하여 출애굽이 하나님의 백성에게 무슨 의미가 있는지 연구했다. 한 어린이가 하나님께서 왜 히브리 사람들에게 그렇게 힘들고 슬픈 일들을 기념하도록 하셨는지 물었다. 이 질문은, 그들이 유월절을 축하할 때마다 하나님께서 히브리인에게 정확하게 무엇을 기억하도록 하셨는지 논의하는 방향으로 이끌어갔다.

나는 아이들에게 하나님께서 모세의 이야기와 이집트에서의 탈출 이야기를 성경에 포함시킨 이유가 무엇이냐고 물었다. 그들은 이 이야기가 하나님의 사랑과 능력을 보여 준다고 대답했다. 이 두 번의 수업은 과거와 현재 하나님의 본성과 성품을 살피는 데 아주 효과적인 시간이었고, 어린이들은 스스로 배워가는 학습 능력을 보여 주었다. 이야기를 체험하게 하는 것이 나의 계획이었는데 어린이들은 나의 개입 없이 스스로 이 이야기에서 하나님의 성품을 이끌어 내었고, 공식적인 '생활에의 적용' 부분 없이도 학습 계획에 도달했다.

성경에 나오는 옛 본문과 이야기를 아이들이 탐구하고 경험하도록 돕는 또 다른 방법은 고대 교회의 영적인 관습들을 이해하고 그렇게 해 보는 것이다. 그런 관습 중 하나가 렉티오 디비나(Lectio divina)로, 문자 그대로 직역하면 '신적인 독서'(divine reading; '거룩한 독서'라고 번역할 수도 있음-역주)를 의미한다. 렉시오 디비나는 성경 본문을 영적으로 읽는 것인데, 성경의 본문들을 마음으로 읽으면서 특정한 성경 이야기에서 하나님이 무엇을 말쏨하시는지 듣는 것을 의미한다. 이는 하나님과 접촉하기 위해 성경의 본문을 성찰하는 것을 말한다. 단순히 읽으면 되는데(렉시오 디비나는 특별히 정해진 규칙이 없다.) 본문을 몇 번이고 천천히 반복해서 읽으면서 단어와 구들이 마음에 완전히 들어오게 한다. 때때로 한 단어나 구가 그 이야기에서 특별하게 보이거나 어떤 생각이 마음에 떠오른다. 그러면 잠시 멈추고 이 단어나 구 또는 생각에 응답하도록 한다. 결국 렉시오 디비나는 우리의 존재 가장 깊은 곳에서 말씀하시는 하나님의 말씀을 듣고 그 하나님의 말씀 안에서 쉬는 것이다.

나와 나를 도와주는 어린이 사역 조수는 어릴 때부터 렉시오 디비나를 해 오고 있다. 어린이들이 성경을 읽고 그것을 묵상할 때 그들의 머리에 무슨 생각이 오가는지 알 수는 없다. 내 경험에 의하면 그들은 이 과정에 열중했고 매우 현명하게 텍스트에 반응했으며 가끔씩은 아주 심오하게 반응했다. 어린이들은 침묵할 수 있다. 아이들이라고 해서 항상 눈앞의 주제에 열중하려고 열정적으로 끼어드는 것은 아니다. 어린이가 렉티오를 연습할 때에 나는 하나님께서 어린이에게 가장 적절한 방식으로 말씀하신다고 믿는다. 그 이유는 하나님께서 그것을 바라고 계시기 때문이다.

또 다른 고전적인 영적인 관습은 검토 훈련(Examen; 가톨릭에서는 영신 수련이라고 하는데 개신교에서는 일상적인 일이나 묵상한 것을 나누는 소위 sharing에 해당한다-역주)이다. 이것은 황량함(desolation)으로도 알려진 것으로, 자기들의 열정과 에너지를 쥐어짠 날 동안 일어났던 것을 참석자들이 모여 이야기를 나누는, 그날의 마지막 시간에 하기에 가장 좋은 습관이다. 참석자들은 그날 발생한 것들을 말하는데, 이때 용기와 에너지를 공급받는다. 소위 위안(consolation)로도 알려져 있다. 이 시간의 마지막에 우리는 하나님을 우리 삶의 중요한 사건들의 중심에 모셔 놓고 모든 것들을 하나님께 고한다.

우리 교회는 2년 넘게 수요일 저녁 교육 프로그램으로 초등학교 아이들과 검토 훈련을 해 오고 있다. 이 시간의 마지막에 우리는 마루에 빙 둘러 앉아서 한 가운데 초를 켜 놓는다. 나는 이 훈련에서 아이들이 응답한 방식을 보고 깜짝 놀랐다. 대부분의 아이들이 참여하는데 (말하기를 원하지 않는 아이는 그냥 넘어간다) 아주 열정적으로 참여해서, 어떤 때는 자신들의 삶에서 일어났던 좋고 나쁜 것들에 관한 주목할 만한 것들을 나누곤 한다. 그리고 매주 나는 기도하기에 앞서 우리 삶에 일어나는 좋은 일이나 나쁜 일에서 하나님이 어떻게 관여하시고 그 중심이 되시는지 설명한다. 검토 훈련을 행할 때에 성경을 직접 가르칠 필요가 없기 때문에 (그럴 수도 있겠지만), 아이들이 방금 전에 배운 하나님을 경험할 또 다른 기회가 된다. 어린이들은 자기들의 생활을 나누면서 성경 본문에서 발견된 고대 사람들에게 하나님이 행하셨던 것처럼 오늘날 자기들에게도 똑같이 행하신다는 사실을 깨닫는다.

텍사스(Texas) 휴스턴(Houston)에 있는 어린이 신학 센터의 책임자인 제롬 베리먼(Jerome Berryman)은 마리아 몬테소리(Maria Montessori)의 사상과 이론에 근거한 어린이 신앙 교육에 근접한 경건 역할극(Godly Play)의 창시자다. 이 경건 활동 프로그램은 어린이들을 성경과 기독교인의 주제로 이끌어 들이는 방식이다. 어린이들이 하나님에 대해, 자신에 대해 그리고 세계에 대해 깊이 생각하도록 용기를 북돋아 줌으로 어린이들을 하나님의 이야기로 이끌어 들인다. 어린이들에게 상상력과 창의성을 사용해서 성경 이야기 역할극을 해 보도록 기회를 주는 것이다. 베리먼은 경건 역할극이 '그 어린이의 전체 즉 손, 심장, 마음, 감정, 직관 모두를 사용하는 전개 방법'이며 '슬프고 기쁜 삶의 모든 신비 속에서 실재하시고 가까이 나아갈 수 있는 은혜로우신 하나님에 대한 신뢰를 가르치는 전개 방법'이라고 언급한다.[23]

어린이들은 성경 이야기를 듣고 그것을 배역을 맡아 놀이하고 생각하고 다시 또 듣는다(아마도 다른 형태나 방식으로). 그리고 성경 이야기의 의미를 다른 사람에게 듣기보다는 스스로 찾아낸다(우리는 누군가가 우리에게 믿으라고 말한 어떤 것보다 스스로 발견한 것을 더 잘 기억한다). 여러 교회들은 경건 역할극의 이론과 실제를 다양한 모양으로 행한다. 최근의 교회들은 이 놀이의 원리들을 채택했을 수도 있고, 이야기의 개념이나 체험 그리고 아이들에게 성경

---

[23] Berryman, Jerome, The Complete Guide to Teaching Godly Play, vol. 1, Living the Good News, 19.

을 가르치면서 발견한 것을 대상으로 삼기도 하면서, 자기들에게 더 잘 맞고 자신들의 독특한 풍조(ethos)에 더 효과가 있는 방법과 내용을 발견해 낸다. 어린이들에게 살아 있는 성경 말씀을 소개하는 데는 방법이 하나만 있는 것은 아니지만 우리가 토론해 온 개념들이 각 교회의 독특한 교육 목적의 기초를 놓는 데 도움이 될 수 있다.

『우리의 어린이들이 믿음을 가질 것인가?』라는 책에서 웨스터호프는 오늘날의 어린이들에게 현실적이고 생동감 있는, 하나님 나라를 건설하는 믿음을 갖게 하려면, 어린이들에게 성경을 가르치는 것이 무엇과 같은지 자기의 개념들을 다음과 같이 정리한다:

> 더 나아가 우리의 역사적 · 사회적 · 문화적 환경에 신실하기 위해서는 교리 문답의 내용이 필요할 것이다. 그 이유로는 1. 사고와 앎에 대한 직관적 방법을 재확인하기 위해서, 즉 사람들의 삶에서 자연, 예술, 의식의 근본적인 역할을 재확인하기 위해서. 2. 두 차원 즉 물질적인 것과 비물질적인 것을 가진 영적인 것으로서 모든 삶을 이해하기 위해서. 3. 존재와 행위가 하나라는 것을 재확인하기 위해서. 3. 됨(being)과 함(doing)이 하나이지만, 됨(being)에서 함(doing)이 나온다는 사실을 확인하기 위하여. 4. 우리가 조종하는 대상이 아닌 우리를 속박하는 주체가 되는 삶의 모든 것들을 인식하기 위하여; 그래서 우리는 성경 연구의

하나의 보충으로 성경의 기도로 돌아간다. 5. 자연, 역사, 사회 그리고 우리의 개인적인 삶들이 통제하기 어렵다는 사실과, 그러나 인간의 삶과 역사에서 현존하시고 활동하시는 하나님에게 의존하는 공동체적 존재라는 사실을 인식하기 위하여. 6. 더 나아가, 삶이 신비로 가장 잘 이해되며, 또한 상호 영향을 가능하게는 만들지만 결정론적이지는 않다는 관계성에 묶여진 정돈된 자유로 가장 잘 이해된다는 사실을 인식하기 위하여. 7. 인간의 삶에는 단 한 번의 끝이 있다는 사실을 알기 위하여(모든 존재 역시 그렇다). 즉 하나님과 항상 깊은 사랑의 관계를 맺는 삶을 위하여, 또한 자신의 참된 자아(하나님의 형상 안에 있는 자아)와 모든 사람들과 자연 세계와 사랑하는 관계 속에서 살기 위하여.[24]

어떤 사람은 아이들의 성경 교육에 대한 이러한 견해를 질 낮은 견해라고 비판할 것이다. 어떤 사람은 성경을 배워야 할 제안들과 진리들의 책으로 거부함으로써, 삶을 어떻게 살지에 따라 성경을 사용할 수도 있고 던져버릴 수도 있는, 단순히 인간이 만든 책이라고 치부할 것이다. 하지만 나는 이렇게 생각하는 것이 오히려 실제로 성경이 다른 모든 책들과 구별된다는 의견을 갖도록 조장한다고 반박하고 싶다. 성경 교육의 중심을, 삶을 변

---

24) Westerhoff, John M., Will Our Children Have Faith? Harper and Row, 1976, 135.

화시키려는 목적으로 우리에게 주신 능력 있는 하나님의 이야기에 둠으로, 성경이 도덕들과 순수한 것들로 가득한 메마른 책이 아니라 살아 숨 쉬고 감동을 주는 책으로서, 체험과 이해, 배움, 실제로 적용할 수 있고 생각할 수 있는 것들이 든 책으로 인식하는 것이다. 우리는 어린이들을 그들을 열정적으로 사랑하시는 현실적인 하나님 앞으로 인도하고 있는 것이다. 우리의 성경 사용은 하나님을 반영하고 하나님과 우리 자신의 변화된 관계를 반영해야 할 것이다.

제8장
예배에서 어린이

CHAPTER

08

어린이들을 참석시킬 때 공동체는 예배의 형식과 내용, 예배에 대한 태도를 재검토해 보아야 한다. 구성원들이 하나님께 드리는 예배를 자신들의 신앙 형성에 중요한 부분으로 인식하지 못하다면 어린이들을 예배에 참석시키는 것이 어린이들의 영성 형성에 왜 그렇게 중요한지 이해하기 어렵다.

예배에서
어린이

　이 책의 처음 부분에서 밝혔듯이 우리 교회에서 세대를 초월하여 함께 모이는 공 예배를 시도했을 때, 목사님은 설교를 적용과 추상적 제안보다는 줄거리가 있는 이야기로 만드셔서 어린이들에게 더 친근하게 하셨다. 그분이 야곱이 얼마나 악한 불한당이었는가를 강조하시면서 설교를 하는 도중 회중 가운데 앉아 있던 세 살짜리 소녀가 자기 어머니에게 기대면서 이렇게 말했다, "어려운 일을 당하겠구먼." 공 예배에서 일어나는 일을 자신들의 방식으로 이해하는 아이들의 능력을 과소평가해서는 안 된다.

　공 예배에 참석하는 것은 인간의 신앙 형성에 중요한 부분이다. 예배라는 이 신앙 행위는 일주일에 한 번 있는데, 이때에 신앙 공동체 전체가 - 적어도 공동체의 큰 부분이 - 함께 모인다. 나는 예배의 행위가 인식과 감성의 양면에서 우리의 영혼을 강하게 만들며, 예배의 행위 가운데 다른 사람들과 연결시켜 주는 어떤 것이 있다고 믿는다. 불행스럽게도 대부분의 교회들은 공동체 전체의 이러한 중대한 행사에 어린이들을 배제시킨다. 어린이들은 결국 신앙을 형성시키고 영혼을 보살피는 중요한 자리에서 축출당한다. 여러 가지 이유로 어린이들은 이들을 돌보는 다른 사람들과 함께 하나님을 예배하는 것보다 더 재미있고 나이에 적절한 행사와 프로그램에 참여한다. 공 예배에서 어린이들을 제외시키는 행위는 교회가 어린이들을 속이는 것이고, 어린이들이 믿음을 표현하고 영혼의 보살핌을 받는, 일주일에 한번 있는 기회를 빼앗는 것이다.

웨스터호프는 어린이들이 믿음을 가지려면 교회의 어른들과 함께 예배할 기회를 얻지 않으면 안 된다고 주장한다. 예배란 믿음의 내용이 전달되는 시간일 뿐만 아니라 교회 성도들이 감정과 민감한 뉘앙스와 믿음의 초월적 의미를 소통하는 시간이다.[25] 어린이들이 어른들과 예배에 같이 참석하면 자신들도 공동체에 속해 있다는 소속감을 느낄 것이다. 예배에 참석함으로 그 어린이는 하나님의 백성이라는 자기 정체성을 갖게 되고 하나님의 백

---
[25] Westerhoff, John M., Will Our Children Have Faith? Harper and Row, 1976, 55ff.

성들과 함께 그 정체성이 발달하게 된다. 이렇게 의미 있는 공 예배에 어린이들이 참석하면 그들은 하나님의 자녀로서 긍정적 잠재력을 체험하게 된다.

예배 체험이 중요한 이유는 예배가 어린이들에게 도움을 주기 때문만은 아니다. 반대로 어린이들은 어른들과 십대들에게 도움을 주는 방식으로 예배를 돕는다. 어른들이 예배에 참석함으로 예배에 도움을 주는 것처럼 어린이들 역시 예배 참석을 통하여 예배에 도움을 준다. 어린이들이 가진 자발성과 개방성은 어린이들에게 선천적으로 부여된 영적 성향과 연결되어 어린이들이 참가하지 않으면 나타날 수 없는 어떤 차원을 공 예배에 더해 준다.

공 예배의 일부분이 된다는 것은 어린이들과 청소년의 신앙 형성에 대단히 중요한 일인데 많은 교회들이 어린이들의 예배 참석을 저지한다는 사실이 내게는 혼란스럽다. 어린이들이 공 예배에서 매우 중요한 역할을 할 수 있기 때문에 나는 어째서 더 많은 교회들이 주일마다 드리는 예배에서 어린이들이 그 예배의 질을 높이도록 허용해 주지 않는지 이상하게 생각한다. 분명한 대답은 대부분의 교회들이 내가 바로 위에서 말한 것들을 믿지 않기 때문일 것이다. 많은 교회들이 예배를 사람의 신앙 형성에 중요한 수단으로 생각하지 않으며, 어린이들에게 대해서는 더더욱 그렇다. 교회들은 어린이들이 신앙 공동체의 지체로 소속감을 갖는 것이 매우 중요하다는 사실을 생각하지 않는다.

나는 많은 교회들이 하나님께 드리는 공 예배가 무엇인지 분별력을 잃어버렸다고 생각한다. 예배는 더 이상 공동체 생활의 중심이 아니라고 생각하고 있으며, 바로 이것이 예배에 어린이를 참석시키지 않는 교회의 입장을 반영한다. 많은 교회들에게 매주 모이는 공 예배는 공연을 즐기는 버라이어티 쇼가 되었다. 그 예배의 가장 중요한 가치는 사람들이 예배에서 교회 안에 있는 것이 좋았다고 느끼면서 그 전시회장을 떠나가는 하나의 매끄러운 오락 연극이 되는 것이다. 어떤 것이든 사람들에게 그 전시회장을 불편하게 느끼게 할 가능성이 있는 것은 제거해야 한다. 그러므로 최고의 음악가들에게만 연주하는 일이 허락된다. 가수들은 밝게 웃어야 하고 조용한 파스텔 색조 복장과 연극 같은 캐주얼 복장을 해야 한다. 이곳에는 울어대는 아이들, 성가시게 하는 어린애, 예배당을 뛰어 돌아다니거나 진행 과정을 더 잘 보려고 의자 위에 올라서는 아이들의 공간이 있을 리 없다.

어린이들은 시끄럽다. 어린이들은 조용히 앉아 있기가 어렵다. 아이들은 지루하면 티를 낸다. 어린이들은 사회적 환경에 있어서 어른들처럼 참아 내는 내적 의지가 약하다. 그러므로 전체 공 예배에 어린이들을 참석시키는 것은 우리가 오늘날 정의하는 예배의 선입관과 많은 것들에서 서로 부딪힌다. 몇 년 전에 우리 교회는 아이들을 공 예배에 참석하게 하는 계획을 놓고 회의를 했다. 아이들을 포함한 전 세대가 모이는 예배를 위하여 회중을 준비시키려고 나는 신앙 형성의 행위로서 공동체가 함께 하나님을 예배해야 한다고 설교했다. 예배가 어떤 예배가 되어야 하는지 회중들에게 설교했다. 나는 그들에게 예배에 참여하는 사람들은 항상 조용해야 한다는 법을 누가 공포했느냐고 묻고 이렇게 말했다. "나는 하나님이 그랬다고는 생각하지 않습니다." 나는 또 예배 중에 누가 움직이거나 자리를 이동해서는 안 된다고 말했는지 물었다. 다시 "나는 하나님이 그렇게 말씀하셨다고는 생각하지 않습니다."라고 말했다. 우리가 예배하는 바로 그분이 이런 것을 별로 중요하게 여기지 않으시는데, 어째서 우리가 그래야 하는가?

흥미롭게도 내가 얻은 부정적인 대답들은 (물론 긍정적인 대답들도 많았다) 모두 같은 줄에서 나왔다; "예배에 아이들을 참석시킨다면 하나님을 향한 나의 예배를 방해받습니다." 나는 그들의 대답에서 '나의' 라는 의미 있는 단어를 찾아냈다. 하나님께 예배드린다는 것은 우리에 관한 것이 아니다. 하나님께 예배한다는 것은 예배를 통해서 우리가 무엇인가를 얻어낸다는 것을 의미하지 않는다. 하나님께 예배한다는 것은 예배가 끝났을 때 느낌이 좋은 것에 관한 것도 아니다. 하나님께 예배한다는 것은 하나님에 관한 것이며 하나님을 기쁘시게 하는 것이다. 예배에 의해서 우리의 신앙이 형성되는 것은 우리가 그러한 심적 경향을 가질 때다. 나는 아이들이 예배에 참석할 때 하나님이 기뻐하신다고 생각한다. 또한 아이들이 시끄럽고 성가시게 하고 번잡스럽게 하더라도 이 아이들이 예배에 참석하는 것을 어른들이 기뻐한다면 하나님도 기뻐하실 거라고 생각한다. 기억하자. 하나님은 아이들을 그런 식으로 만드셨다.

어린이 교회를 거부하는 사례

미국 성공회(Episcopal) 사제인 캐롤라인 페얼리스(Caroline Fairless)는 공동체 연합 예배에 아이들을 참석시키자는 운동의 지도자다. 이 여성은 아이들이 예배에 참석하는 것을 정의의 문제로 말한다. 교회들 대부분은 시끄럽다거나 성가시게 한다는 이유로 육체적으로나 정신적으로 장애가 있는 사람들이 예배에 참석하지 못하도록 막지 않는다. 우리는 그들이 이해할 수 있고 그들에게 맞는 어떤 특별 예배를 만들어 그리로 보내지 않는다. 실상 많은 교회들이 장애인을 공동체에서 기꺼이 받아들이려고 열심히 노력한다. 하지만 우리는 어린이들을 이와 동일한 이유로 배제시킨다. 아이들은 시끄럽고, 주위를 산만하게 한다. 그리고 무엇이 진행되는지 이해하지 못할 수도 있다.

그러나 페얼리스는 주일의 공 예배에 아이들을 포함시키는 중요성에 대해 성인들을 확신시키는 데는 본질적인 어려움이 있다고 밝힌다: "공 예배에 아이들을 포함시켜 공동체를 온전한 연합체로 만들자는 주장에 대한 저항은 이해할 만하다. 아이들을 참석하게 하는 일은 예배 의식의 관습을 지배해 온 예배에 관한 선입견과 피할 수 없이 충돌한다." [26] 어린이들을 공 예배에 참석하도록 하는 것은 문화 역행적이고 소통하게 하는 요소지만, 교회가 아이들의 영혼을 돌보는 일에 관심을 기울여 이 문제를 진지하게 고려하는 것이 꼭 필요하다.

이것은 교회가 공 예배에서 하는 일이 무엇인지 다시 생각해 보는 것을 의미한다. 페얼리스는 예배에 구성원 전부를 참여시키는 문제에서 교회가 고려해야 할 몇 가지 사항들을 제시한다. 첫째로, 어린이들을 공 예배에 참석하게 했을 때 교회들이 무엇을 두려워하는가?[27] 공 예배가 통제할 수 없게 되고 설교를 할 수 없게 되는 것인가? 어쨌든 어린이들은 항상 우리의 통제 하에 있지 않으며 항상 설교를 조용히 듣기도 어렵다. 우리는 그 일들을 언제든 진압시키기는 곤란하다(하지만 또한 우리는 하나님을 통제할 수 없으며, 어쩌면 공 예배 설교에 있어서 약간의 방해가 하나님의 영이 역사하시도록 허용하는 것일 수도 있다!).

교회의 지도자들은 어린이들이 예배에 성인들과 동등하게 참석하면 어른들이 불편할까봐 두려워하는가? 나는 하나님께 드리는 예배가 편안해야만 한다고 여기지 않는다. 우리는 우주의 창조주이신 하나님을 예배한다. 예배에서 우리는 우리가 이해할 수 있는 것보다 더 많이 우리를 사랑하시는 하나님의 영원한 신비 앞에 나가는 것이다. 우리는 전능하신 실존자의 임재 가

---

26) Fairless, Caroline, Children at Worship, Church Publishing, 2002. (본서에 대한 Louis Weill의 서문 ix에서 발췌)
27) Caroline Fairless의 작품과 글 특히 그녀의 책 Children at Worship, Church Publishing, 2002을 참고했다.

운데 있는 것이다. 나는 여기에 편안한 어떤 것이 있어야만 된다고 생각하지 않는다. 즉 때때로 위로가 있겠지만, 언제나 편안한 것은 아니다.

만일 우리가 어린이들을 예배에 참석시키면 어른들이 교회를 떠날 것 같아서 두려워하는 것인가? 그럴지도 모른다. 우리는 어린이들을 공동체의 연합 예배에 참석시키는 것이 영혼 양육에 매우 큰 영향을 끼친다는 사실을 어른들이 깨닫도록 해야 한다. 어린이들과 나란히 앉아서 드리는 예배에 대해 어른들이 가진 일차적인 내적 저항을 극복하도록 도와줄 필요가 있다.

목회자들(또는 다른 사람들)은 혹시 설교가 예배의 중요한 부분으로서의 자리를 잃을까봐 염려하는가? 공 예배에 어린이들을 참여시키는 의미심장한 일이 진지하게 토론되고 실행된다면 이런 일이 실제로 일어날지도 모른다. 그러나 이것이 반드시 나쁘지 않을 수도 있다. 우리가 지금 재고하는 '어떻게 우리가 포스트모던 교회에서 하나님을 예배할 수 있는가' 라는 내용 중 인식, 수많은 말, 청각 기관, 25-45분간의 설교의 가치를 다시 생각해 보는 일도 포함될 수 있다. 한 사람이 앞에 서서 단순하게 말하는 것보다는 모든 예배자들이 함께 교통하는 예배에서 하나님의 이야기를 더 효과적으로 나눌 수 있는 다른 방법도 있을 것이다.

이런 관점에서 페얼리스는 교회가 자문해야 할 또 다른 사항을 제시한다. 어린이들이 어른들과 마찬가지로 예배 의식에서, 스타일에서, 예배의 내용에 대해 똑같은 권리를 가졌다고 가정한다면 교회에서는 어떤 일이 일어날까? 이 질문은 우리의 예배 공간을 아이들과 함께할 공간으로 꾸미는 방식을 새롭게 생각해 볼 필요성이 있음을 의미한다. 미국에 있는 어떤 교회들은 공 예배 때 어린이들을 참석시키는 일을 진지하게 생각했다. 이 교회들은 예배당의 의자들이 놓인 한 구역을 치우고 거기에 어린이들의 체격에 맞는 테이블을 들여 놓고, 카펫이 깔린 활동 구역으로 만들어서 어린이들의 공간을 준비했다. 어린이들은 자유롭게 부모들이나 다른 어른들 사이로 다닐 수 있고 자기들만의 특별한 공간에서 조용히 활동을 할 수 있다. 미니애폴리스에 있는 최근에 생긴 솔로몬의 행각(Solomon's Porch) 교회가 공식적으로 사역을 시작하면서 창립 멤버들은 처음부터 어린이들을 공 예배에 참석하도록 해 주었다. 그들은 그 교회의 예배당과 예배 부속실에서 어린이들이 예배에 참여할 수도 있고 집중력이 떨어졌을 때 가서 놀 수도 있는 활동 공간을 마련했다.

어린이들을 공 예배에 참석시키는 것은 예배에 참석하는 모든 세대에게 의미 있는 예배가 되도록 예배의 스타일과 내용이 변화될 필요가 있음을 의미하기도 한다. 예배 공간을 재디자인하는 일이 다툼을 일으키는 토론의 주제가 될 수도 있을 것이다. 사람들은 예배의 어떤 방식과 예배의 어떤 의식을 고수하여 결국에는 이것들이 예배의 대상만큼 중요하게 혹은 더 중요하게 여겨지기까지 한다. 어떤 사람들은 예배 의식이나 순서를 청소년들에게 맞게 바꾸는 것을 성경 말씀을 바꾸는 것과 동일하게 생각한다!

우리는 예배당에 새로운 음향 시스템을 설치하고 있다. 더불어 전면에는 플라스마 텔레비전 스크린을 장착한 비디오 기기도 설치한다. 우리 교회 예배당은 아주 전통적이고 검소한 뉴잉글랜드 초기 식민지 시대 미팅하우스의 양식이다. 플라스마 스크린은 시청각에 익숙한 청소년들에게 예배를 더 의미심장하게 느끼게 해 줄 수 있다. 하지만 교인들 중의 일부는 비디오 스크린 설치를 증오에 가까울 정도로 싫어한다. 그들은 스크린에 그림과 말씀이 비쳐져서 초기 시대 양식의 예배당을 망가트리는 예배당에서는 하나님을 제대로 경배할 수 없다는 마음으로 무장되어 있다. 이런 사람들에게는 전체 공동체가 예배에서 필요로 하는 것보다 예배당의 장식과 예배 스타일이, 예배의 대상인 하나님보다, 그리고 하나님을 기쁘시게 하는 것보다도 더 중요하다. 하나님을 예배하기 위하여 우리가 선택하는 방식을 변화시킨다는 것이 염려되고 화가 나고 용납되지 않을 수 있다; 그러나 교회가 정말로 공동체 구성원에 대해 관심이 있고, 어린이들의 영혼을 돌보는 데 관심이 있다면 이러한 문제들을 다루는 것을 두려워하지 말아야 한다.

어린이들을 포함시키는 일과 관련하여 페얼리스가 제시하는 세 번째 질문은 교회가 가진 공동체에 대한 시각이다. 교회는 공동체가 교회에 어떤 의미를 갖는지 생각해야 한다. 어린이들을 공 예배에 참석시키는 중요한 작업을 실제로 실천하는 교회는 모든 연령의 사람들이 신앙 공동체의 일부분이라고 믿는 교회다.

그 다음으로 페얼리스는 공 예배에서 어린이들을 배제시키는 것이 유아 헌신 의식과 세례 때 맹세한 서약과 어떤 관계가 있는지 생각해 보라는 방향으로 나아간다. 나는 이 책의 앞 장에서 유아 세례를 베풀면서 공동체는 세례받은 아이들에게 '이 아이들이 우리의 아이이기도 하므로' 성경 이야기를 가르치고 예수님을 사랑하도록 돕겠다고 서약한다는 사실을 언급한 바 있다. 세례식과 헌신 의식 때 대부분의 교회들은 이와 비슷한 내용의 공동체 서약을 포함시킨다. 그러므로 공동체가 서로 연합해서 공동체 아이들의 영혼을 양육하겠다는 맹세를 하고서는 공 예배 때 아이들을 배제시킴으로 그들의 신앙 형성을 돕지 않는 일은, 공동체의 서약과 실제의 행동 사이에 일관성이 없다고 볼 수 있다. 개인적으로나 공동체적으로 어떻게 행동하느냐가 말로만 맹세하는 것보다 훨씬 더 신뢰할 만한 기준을 제공한다.

교회를 향한 페얼리스의 마지막 질문은 실제적이다. 아이들을 공동체 예배 의식에 참석시키지 않으면 아이들이 예배 의식과 실제 행실 사이의 가치를 어떻게 배울 수 있겠는가? 나는 참으로 많은 어린이들에게 '따분한' 교회에는 가고 싶지 않다는 말을 들었다. 멋진 색깔들로 칠해져 있는 곳, 인형들과 또래 아이들이 있는 곳, 힘찬 노래들이 불리며, 먹을 것을 놓고 서로

승강이하는 그런 자리를 떠나 나를 전혀 좋아하지 않는 어른들로 가득 찬 예배당에 가라고 한다면, 솔직히 나 역시 그런 교회는 따분하다고 말할 것이다. 공 예배에 대한 이런 태도가 열여덟 살이 되었다고 해서 신기하게도 갑자기 사라지는 것은 아니다. 사실상 나는 지금의 교회 예배에 참석하는 성인들 중 상당수의 사람들이 예배를 '따분' 하다는 생각을 하고 있으리라 생각한다.

이러한 현상은 두 개의 현안 문제를 고찰해 보도록 만든다. 첫째는 우리가 예배에서 행하는 많은 부분이 어린이들에게 (많은 성인들에게도) 별로 흥미를 주지 못한다는 것으로, 그 이유는 예배가 한두 개의 느낌 즉 듣는 것과 보는 것에 의존하고 있기 때문이다. 설교는 대부분 너무 지식적으로 아이들 머리 위를 넘나든다. 어린이들을 예배에 참석시키지 않는 그 점이 이런 문제점 - 어른들에게도 충분히 문젯거리인 - 들을 외면하도록 만든다. 어린이 예배를 인정하는 대부분의 교회들은 노래를 더 많이 부르는 주일 학교의 연장이거나 단순히 예배라는 이름을 붙이면서 하나의 파티 성격을 띤 시간을 제공한다.

예배에 어린이들을 참석시키기를 희망하는 교회들은 공 예배가 (사회에서보다) 더 감성적이고 의미 있는 예배 의식이 되도록 예배의 구성을 다시 살펴야 한다. 어린이들에게 와 닿는 예배로 만드는 시도를 거의 혹은 전혀 하지 않으면 어린이들이 공 예배에 참석하기를 꺼려할 수도 있다는 것을 어른들은 너무 과소평가한다. 내가 만난 부모들은 자녀들이 공 예배 자리에 앉아 있을 때 어린이들의 마음이 지적으로 전혀 작동하지 않는다고 확신하고 있었다. 하지만 전혀 그렇지 않다. 설교 시간에 아이들에게 연필과 종이를 주면 영웅을 그리거나 교수형 놀이를 하는 것이 아니라 성경에서 읽은 내용이나 상징, 설교에서 들은 내용이나 상징을 그리는 아이들이 많다는 것은 이미 잘 알려진 이야기다.

우리는 아이들에게 예배를 가르치고, 예배 의식의 특별한 전통을 알려 주어서 공 예배에 참석했을 때 예배의 진행 과정을 파악하도록 도와야 한다. 아주 어린이들조차도 조용해야 할 시간과 노래할 시간, '아멘'이라고 말하는 시간이 있다는 것을 이해할 수 있다.

주일마다 우리 교회에서는 미취학 아동들을 나이별로 나눈 교육 시간 동안 예배에 참석하도록 한다. 아이들은 노래한다. 아이들은 자신과 가족들을 놓고 기도한다. 아이들은 하나님께 헌금한다. 아이들은 조용히 한다. 아이들은 하나님께 예배하기 위해 교회가 선택한 방식들을 배운다. 어린이들은 강림절을 기다리는 동안 강림절 화환에 촛불로 시간을 표시(어른들이 하는 것과 똑같이)하면서 성탄을 기다린다. 어린이들은 강대상에 걸린 자주색 천이 아기 예수님의 왕권을 축하하는 의미라는 것을 이해한다. 사순절 기간에는 특별 구제 순서에 참여하는데, 이는 물론 사순절이 자선의 때이기 때문이다.

미취학 아이들이 이런 교육을 받는 동안 학교에 다니는 아이들은 예배의 다른 부분들, 즉 예배에로의 부름이라든가 죄의 자백 같은 것들을 배우고 또 실제로 참여한다. 이 어린이들은 그날의 성시를 낭송하고 이 성시가 무엇을 뜻하는지 토론한다. 이 어린이들 역시 미취학 아동들과 마찬가지로 교회력에 따라 예배를 드리는데, 이들은 강대상에 녹색 천이 걸려 있으면 이때가 믿음의 성장을 위하여 열심히 일하는 시간이라는 사실을 다른 사람들에게 설명할 수 있다. 이 어린이들이 공동체 연합 예배에 참석하게 된다면, 어른들과 마찬가지로 교회의 예배 의식을 이해하게 되고, 이 의식에 기꺼이 참석할 수 있을 것이다.

교회가 제기해야 하는 두 번째 현안 문제는 예배가 즐겁고 재미있기를 바라는 더 큰 경향성이다. 미국 교회는 지금까지 어떤 능동적인 신앙의 사람들이 드리는 예배로부터 하나님께서 예배를 받으실 가치가 있는 분이시기 때문에 하나님에게로 되돌아가는 방향으로 전환하고 있다. 그 대신 예배를 우리의 흥미를 끌고 우리를 즐겁게 하는 하나님에 관한 쇼 프로그램으로 이해하고, 인생의 많은 딜레마에 관한 대답을 얻는 시간으로 이해하는 것처럼 보인다. 교구민들이 공동체의 예배가 얼마나 활기차고 재미있는지를 근거로 종종 교회를 선택한다.

나는 하나님께 드리는 예배가 흥미를 끌면 안 된다고 말하려는 것이 아니다. 물론 흥미가 있어야 한다. 찬양과 기도와 묵상과 드림으로 하나님의 음성을 듣고 상호 교감을 통하여 하나님의 신비와 위엄 가운데 참여하는 것이 어쩌면 한 주간의 경험

중 가장 흥미를 끄는 활동일 것이다. 예배는 결코 지루해서는 안 된다. 하지만 어떤 활동에 제대로 의미심장하게 몰두하는 것은 재미있는 것과는 다른 의미다. 우리는 능동적인 예배 참석자들이자 수동적 관찰자들이다. 가끔은 예배가 이해하기 어렵다. 우리는 하나님을 찬양하기를 원하지 않고 그분의 음성 듣기를 원하지 않는다. 가끔 예배는 형용하기 어려운 하나님과 얼굴을 맞대고 있는 것처럼 우리 목을 움켜쥐고 흔들어대도록 하기도 한다. 때때로 예배 시간에 우리는 우리를 사랑하시고 우리를 위하여 모든 것을 포기하신 하나님 앞에 엎드리면서 위로를 받는다. 때때로 세상을 위해 위대한 일을 행하시는 하나님을 찬양할 때 예배가 기쁨이 된다. 또 가끔 예배 때 그 모든 것들이 동시에 일어나기도 한다. 예배는 결코 수동적 경험이 되어서는 안 되고, 우리에 관한 것이 되어서도 안 된다.

그러므로 어떤 어린이가 교회가 "지루하다"고 하면 이 말은 비디오 게임, 텔레비전 쇼 또는 축구 경기가 재미있다는 식으로 그 재미를 의미하는 것이 아니라는 뜻이다. 하지만 교회가 공동체 예배를 하나님께 드리는 어떤 것으로 생각하고, 자유로운 기독교인들의 오락 프로그램처럼 무엇인가를 주는 것이라고 생각하지 않는다면, 어린이들은 하나님을 예배하는 진실한 열정을 이해하며 자라는 성장이 있을 것이다. 이렇게 되었을 때만이 예배가 그들에게 신앙 형성의 중요한 역할을 해 줄 것이다.

아이들과 함께하는 교회

공 예배에 아이들을 참석시키기 위한 첫 번째 단계이자 아마도 가장 어려운 단계는 공동체, 특히 부모들에게 이것이 믿음의 터를 닦는 데 중요한 일이라고 확신을 주는 일일 것이다. 어린이들을 예배에 참석시키자고 내가 우리 교회에서 처음 제안했을 때 이 제안에 긍정적인 반응을 보인 사람들은 대부분 오십대 그 이상의 연령에 속하는 사람들이었다. 나는 그 이유가 이 연령대의 사람들이 어렸을 때부터 공 예배를 드리면서 자랐기 때문이라고 생각한다. 당시에는 아이들이 공 예배에 참석하는 것이 당연했다. 공 예배에 아이들이 참석하지 않는 것은 비교적으로 최근의 현상이다.

어떤 사람들은 어린이들이 예배당을 정신없이 뛰어다니고 예배를 방해할 것이라고 염려하여 나에게 이메일을 보냈다. 나는 그런 일은 일어나지 않을 거라고 (실제로도 일어나지 않았다) 그들을 확신시켰다. 그런데 흥미롭게도 어린이들을 참석시키는 데에 가장 비판적인 사람들은 바로 이 어린이들의 부모들이었다. 일부는 단순하게 아이들이 공 예배에 참석한다면 주일날 교회에서 아이들에게 아무것도 해 주지 않는다며 교회에 출석시키려 하지 않는다. 전혀 반대 되는 증거들이 매우 많음에도, 많은 부모들이 아이들이 예배라는 헌신 시간에 "어떤 것을 얻는다."고 믿으면서도 정작 결정은 쉽게 내리지 못한다. 또 어떤 사람들은 예배 중에 어린이들을 돌볼 경우 예배에 방해받을 것이라고 생각한다.

하지만 염려스럽고 부정적으로 생각한다 할지라도 아이들의 영혼 양육에 헌신하는 교회 지도자들을 방해하지 말아야 한다. 사람들은 공 예배의 목적을 이해하고 이것을 따라갈 필요가 있다. 구성원들은 예배에서 전체가 함께 기능하는 공동체를 보기 위해서라도 아이들이 예배에 참석하는 것을 경험할 필요가 있다. 페얼리스는 '블룸(Bloom)에 있는 회중: 예배에서의 아이들' 이라는 기구를 통해서 공 예배에 아이들을 참석시킬 수 있는 길과 그 계획을 돕는 여러 방안들을 제시한다. 어린이들을 공 예배에 참석시키자고 공동체에 제안하는 일과 그렇게 할 때 어떤 점이 아이들의 신앙 형성에 중요한 영향을 주는지 설명하는 것도 중요하다. 하지만 몇 가지 점에서는 교회들이 점진적이며, 부족한 조건들을 보충하고, 반대가 있을 경우 순조롭게 처리하는 것도 필요하다.

아이들을 참석시킬 때 공동체는 예배의 형식과 내용, 예배에 대한 태도를 재검토해 보아야 한다. 구성원들이 하나님께 드리는 예배를 자신들의 신앙 형성에 중요한 부분으로 인식하지 못하다면 아이들을 예배에 참석시키는 것이 아이들의 영성 형성에 왜 그렇게 중요한지 이해하기 어렵다. 만일 구성원들이 공 예배를 지루해하고 별로 좋아하지 않으면 이들은 아이들도 마찬가지일 것이라고 생각한다.

교회들은 어째서 우리가 예배에서 어떤 특정한 일을 해야 하는지 숙고해야 한다. 이러한 것들이 하나님께 드리는 예배에 중요하고 예배의 질을 높이기 때문인가? 그렇지 않으면 우리가 항상 그렇게 해 왔기 때문인가? 혹시 많은 사람들을 당황스럽게 한다는 이유로 예배의 일부분 중 하나의 스타일을 변경시키는 일에 반감을 느끼는 것은 아닌가? 교회들은 예배의 어떤 부분이 구성원들에게 우상이 되고 금송아지가 되는지 판단해야 한다. 우리는 "우리의 예배 스타일이 공동체가 하나님 앞에 나아가기 위한 도구, 하나님을 예배하기 위한 도구나 과정이 아니라 공동체에게 우상이 되는 예배 스타일이 아닌지" 살펴야 한다.

예배란 주일마다 신앙 공동체에게 하나님 이야기를 여러 가지 방식으로 전달하고 들려주는 것이다. 그러나 교회들은 그 이야기를 매주 같은 방식으로 들려준다. 공 예배에 어린이들을 포함시킨다는 생각은 교회가 구성원들에게 들려주는 놀라운 이야기 중에서도 가장 놀라운 이야기다. 이 방식은 진부하고 평범한 지금까지의 방식에 강렬한 빛을 비추는 것이다. 아이들을 참석시켜서 하나님 이야기와 하나님과 함께하는 우리 삶의 이야기를 해 주는 방식은 공동체를 창조적이고 혁신적이며 생동감 있게 만들어 줄 것이다.

지난해 부활절 전, 텍사스 휴스턴에 있는 새로 생긴 에클레시아(Ecclesia) 교회에서 영화 제작자들이 부활절 이야기 행사를 묘사면서 그 공동체 어린이들을 영화화했다. 필름은 독립 영화 제작자들의 전문적인 기술로 편집했고, 부활절 예배 때 에클레시아 교회는 이 영화를 관람했다. 영화는 분명히 그리스도의 죽음과 부활 이야기를 아주 힘 있게 연출했는데 담임목사는 관람 후에 청중에게 할 말이 없었다. 공 예배에 어린이들을 포함시키려는 교회들은 성직자가 언제나 가장 능력 있고 창조적인 설교자는 아니라는 사실을 기억하면서 성경 이야기를 누가 해 주어야 할 것인지를 고려해 보아야 한다.

우리 교회에서는 전 세대를 포함한 예배에서 초등부 학생들에게 성경을 읽는 것이 아니라 성경의 한 단락을 실제로 연기해 보도록 했다. 많은 아이들이 성경을 몸으로, 경험적으로 접근했을 뿐 아니라 예배에 참석하는 어른들도 흥미를 느꼈다. 또 우리는 매달 한 번씩 정기적으로 어린이들을 강사로 초빙했다. 강사 아이들은 이 특별한 일요일에 배울 성경 본문을 읽었는데, 예배를 인도하고 예배에 참석하는 것이 모든 세대에게 적절하다는 메시지를 전할 수 있었다.

아이들을 공 예배에 참석시키고자 할 때 교회들은 설교의 방식과 설교를 누가 할지를 고심해야 한다. 모든 세대가 공 예배에 참석한다는 것은 전통적 방식인 강의식 스타일의 설교를 매주일 지속하지 않아도 됨을 의미할 수 있다. 설교가 시각적으로 향상될 수 있다는 뜻이다. 설교 중에 비디오나 그림을 사용하면 말씀에 대한 이해를 높일 수 있고, 젊은 예배 참석자들의 집중을 도모할 수 있다. 휴스턴의 에클레시아 교회에서는 예술가들이 설교 중에 성경의 내용을 도해해서 보여 주었다. 이 기술은 아이들에게 그림의 최종적 의미를 깨닫게 하려는 목적이었고 아이들은 이 그림에 주목했다.

어린이들을 공 예배에 참석시킨다는 것은 설교 시간이 수동적으로 듣고 인식하는 경험의 시간이 아니라 구성원들에게 상호 교감적인 경험의 시간이 된다는 것을 의미한다. 이는 설교가 항상 예배의 마지막 순서에 있지 않아도 된다는 것이다. 설교의 내용과 기법을 바꾼다는 것은 많은 교인들이 설교를 지적·문자적인 성경 강해라고만 잘못되게 여겨왔기 때문에 가장 받아들이기 어려운 일일 수 있다. 나는 교인들이 모든 순서가 설교를 위한 준비라고 말하는 것을 자주 들었다.

어린이들이 공 예배에 참여하게 된다면 예배의 다른 부분들도 역시 다시 고려해야 하고 또 어쩌면 바꿔야 할 것이다. 예배를 드리는 동안 어린이들이 일어나거나 몸을 꿈틀거리며 움직이거나 앞을 더 잘 보기 위하여 어떤 행동들을 할 때 어른들은 그 소리와 움직임을 대하는 자기들의 태도를 바꿔야 한다. 어린이들은 조용히 있어야 하는 시간과 소리를 내어도 좋은 시간 - 이를테면 노래를 부른다거나 설교자에게 '아멘' 이라고 응답하는 시간, 서로 평안의 인사를 나누는 시간 - 들이 있다는 것을 알아차리도록 교육을 받아야 한다. 죄를 고백하는 침묵 기도 시간 전에는 벨을 울린다거나 어떤 소리 신호를 해서 아이들에게 침묵할 시간을 기억하게 도울 수도 있다. 예배에 아이들을 참석시키는 것을 어린이들의 부모들이 허락한다면 공동체의 다른 부모들은 아이가 예배 순서에 맞는 적절한 행동을 하도록 지도하거나 주보에 있는 예배 순서를 따르도록 도울 책임이 있다. 예배 동안 아이가 특별히 소란스럽고 산만하다면 부모는 아이를 데리고 나가는 것이 좋다.

예배를 어떻게 바꿀 것인지의 문제는 예배 동안 어린이들을 어떻게 앉아 있게 할 것인지의 면에서 이루어져야 한다. 부모들은 자녀들을 가능하면 예배당의 뒤쪽, 앞에서 떨어진 곳에 앉히기를 원하는 경향이 있는데 그래야 아이들이 떠들어도 좀 덜 신경 쓰일 거라고 생각하기 때문이다. 하지만 아이들을 무슨 일이 일어나고 있는지를 잘 볼 수 있는 앞쪽에 앉도록 한다면 오히려 예배 활동에 적극적으로 참여하게 될 것이다. 아이가 볼 수 있는 것이 기껏 장의자 뒤편이거나 자기 앞에 앉아 있는 사람의 머리뿐이라면 이 아이는 더 빨리 싫증을 낼 것이다.

미니애폴리스에 있는 솔로몬의 행각 교회는 초등학교 아이들을 매주 성경 메시지가 전해지는 동안 맨 앞에 앉도록 한다. 가끔 이 어린이들은 메시지의 주제나 제목을 나타내는 묵상 시간에 참석한다. 그 교회에는 권투용 글러브와 공기놀이 의자들로 가득 찬 특별한 공간이 십대나 십대가 안 된 아이들을 위해서 따로 마련되어 있다. 격식을 더 중시하는 교회들은 어린이들, 특히 십대들에게 예배 시간 동안 앉아 있는 것이 너무 힘들 때 움직일 수 있는 그들만의 활동 공간을 마련해 줄 수 있을 것이다.

예배의 지도자들이나 목사는 아이들이 예배 중에 움직이거나 소리를 내는 것이 예배를 드리는 전체 공동체에 전적으로 용인될 수 있는 행동이라고 지속적으로 부모들에게 확신을 주어야 한다.

아이들이 예배에서 겪을 경험을 미리 준비하도록 하는 것은 예배에 흥미를 갖게 하고 예배를 이해하는 데 큰 도움을 준다. 나는 교회 앞에서 예바에 오는 부모들에게 주보를 건네며 용기를 준다. 그러면 그들은 주보를 보면서 아이들과 예배에서 각 순서들이 왜 필요한지, 들어야 할 것이 무엇인지 대화하며, 예배 중에 주의해서 보아야 할 것이 무엇인지 예배 경험을 서로 나눌 수 있을 것이다. 예배 중에도 부모들은 앞에서 일어나는 일이나 예배 공간의 다른 부분에서 일어나는 일들을 조용히 지켜보면서 아이들을 격려할 수 있을 것이다. 그레첸 볼프 프리차드(Gretchen Wolff Pritchard)는 다음과 같이 권면한다:

> 부모가 자녀들을 같은 동료 예배자로 받아들인다는 것은 교회에서 아이들과 새로운 교감의 방식을 배운다는 것을 의미한다. "쉬잇!"이라고 말하거나 과자를 주기보다, 그리고 우유병이나 이야기책(성경 이야기책일지라도)을 주기보다는 부모들은 아이들이 우리와 함께, 물론 그들의 수준에 맞춰서, 예배를 체험하고 있다는 것을 알아야 한다. 부모는 아이들이 강대상을 볼 수 있는 앞쪽의 오른편에 앉아서, 소란스러운 아이들의 귀에 이렇게

소곤거릴 수 있다. "봐! 목사님이 보이니? 목사님이 뭐하고 있는 것 같아? 들어 봐! 지금 목사님은 예수님이 말한 어떤 특별한 말씀을 전하는 중이야! … 봐! 목사님이 컵을 들었네." …28)

신앙 공동체에서 공적으로 아이들의 영혼 양육을 맡은 사람들은 대부분의 어린이 사역에서 행하는 분반 공부 시간에 예배에 관해서 가르칠 수 있다.

우리 교회에서는 주일 학교와 수요 프로그램에서 아이들에게 예배 절기를 가르칠 때 예배의 색깔을 사용한다. 우리는 아이들에게 예배의 다양한 부분들을 가르치고, 그래서 어린이들은 어째서 우리가 예배를 시작할 때 기도하는지, 왜 우리의 죄를 고백하는지, 왜 성시를 낭독하는지 이해하게 된다. 어린이들의 예배 시에 사용되는 몇 종류의 영창 기도들은 공 예배 때 사용하는 것으로 어른들과 공 예배를 함께 드릴 경우 익숙한 예배 환경을 제공한다.

모두 함께하는 공 예배

어느 특별한 일요일, 공 예배 시간에 어린이들이 두 번이나 대대적으로 이동을 했다. 나의 어린이 사역을 돕는 자원 봉사자들 양 옆으로 두 부인이 앉아 있었는데, 어린이들이 두 번째로

---

28) Pritchard, Gretchen Wolff, Offering the Gospel to Children, Cowley Publications, 1992, 143-44.

움직이자 한 쪽 부인은 예배에 아이들을 참석시킨 것에 대해 불평을 터뜨렸지만 다른 쪽에 앉아 있던 부인은 아이들이 어른들과 예배드리는 일이 참으로 놀라운 일이라고 말했다. 아마도 이두 가지 태도가 아이들을 공 예배 시간에 포함시키자고 제안했을 때 나오는 극단적인 두 반응일 것이다!

페얼리스는 중요한 것은 아이들을 공 예배에 포함시키는 것이고, 어린이들이 하나님께 드리는 예배에 어른들과 마찬가지로 동일한 참석자라고 느낄 수 있도록 돕는 것이라고 상기시켜 준다. 이것은 단순히 어른이들에게 - 어른들에게도 - 편의를 제공하는 문제가 아니다.[29] 편의를 제공한다는 생각은 곧 우리가 아이들과 무엇을 함께한다고 여기기보다는 아이들을 위해서 무엇인가를 해 준다는 것을 암시한다. 전통적인 어린이 설교는 실제로 어린이들을 예배에 참석시킨다는 의미가 아니라 공 예배 동안 어린이들에게 편의를 제공한다는 좋은 실례다.

대부분의 교회들이 어린이 설교를 예배 사이에 끼워 넣는다. 그 이유는 어떤 것을 하기 위해서는 그들의 예배를 잠시 멈추는 것이 좋다고 생각하기 때문이다. 하지만 대부분의 어린이 설교는 전체 공동체의 흥미를 끄는 데는 거의 효과가 없다. 만일 어떤 교회가 어린이 설교를 전 세대가 참석하는 예배의 한 순서로 포함시키려 한다면, 어린이 이상의 사람들도 흥미를 느끼도록 시간 들

---
29) Fairless, 9.

을 활용해야 한다. 예를 들어, 어린이들을 예배 시간의 다른 순서에 참석시키는 것처럼 어린이 '설교'를 단순하게 할 수 있다. 또 예배 시간에 유아 세례를 베풀 때 아이들을 맨 앞으로 초대해서 세례받을 아이들 앞에 있는 계단에 앉도록 하면 예배 시간에 움직일 수 있는 기회를 제공하는 것이다. 이러한 조치는 어린이들이 세례식 참석자가 되게 하고 세례식 동안 공동체의 모든 아이들을 돌보겠다는 공동체의 서약을 회상하도록 만들어 준다.

언젠가 우리 담임목사님이 예배 공간을 둘러보도록 아이들을 교회 미팅하우스(Meeting House) 맨 앞으로 나오라고 했다. 그분은 어린이들을 설교단으로 데려가서 목사가 위로부터 오는 하나님의 말씀을 사람들에게 전하는 것이 우리의 신학 전통이라고 설명해 주었다. 그분은 또 아이들을 성찬상 주위에 아이들을 모아 놓고 성찬식을 할 때 어떤 일이 일어나는지 말해 주었다. 그런데 그분은 어린이들에게 이것을 정확하게 설명해 주면서 특별히 쉬운 단어를 골라 쓰지 않았다. 이는 예배하는 어른들이 아이들과 마찬가지로 공동체에 포함된 존재로 느끼게 하였고, 아마도 아이들이 배운 내용을 어른들도 같이 배웠을 것이다.

나는 전통적 어린이 설교를 할 때, 상징적 언어나 추상적 사상을 사용하는 함정에 빠지지 않으려고 매우 조심한다. 어른들은 전통적·객관적 교훈을 좋아하는 반면에 대부분의 어린이들은 재미있는 과학적 경험과 영적 진리 사이를 절대로 연결시키지 못한다. 그래서 나는 어린이 설교에서는 설교의 근거가 되는 성경 이야기를 그대로 다시 설명하는 방식을 취한다. 그 내용을 다시 설명해 주고 더 명확하게 알려 주려고 그림이나 어떤 도구를 사용하기도 하지만 비유나 상징은 사용하지 않는다. 특별한 날이나 교회력의 어떤 거룩한 절기라면 나는 그 절기나 날에 대해서 아이들과 서로 대화하고, 아이들이 보고, 만지고, 냄새 맡으면서 절기의 의미를 깨닫게 한 후 집으로 가져갈 수 있게 한다.

가끔 나는 어린이 설교에 교인들 전체를 포함시키는 방법을 쓴다. 예를 들면, 대강절 첫 주일 어린이 설교에서 아이들에게 가장 큰 소리로 "예수님이 오십니다."라고 소리 지르게 했다. 그리고 그 방에 있는 어른들에게도 가장 큰 소리로 "예수님이 오십니다."라고 소리치도록 요구했다. 어른들은 그렇게 했다! 사실 어른들은 교회의 공 예배에서 있는 힘껏 크게 소리 지를 기회가 별로 없다. 그들은 이 기회를 아주 즐거워했다.

나는 공 예배에 어린어가 참석하는 것을 싫어하는 이유는 어른들 중에서도 특히 그 부모들이 아이들이 공 예배 체험 때 중요한 어떤 것을 배운다는 것을 믿지 않기 때문이라고 확신한다. 부모들은 아이들과 함께 예배드림으로 겪는 불편이 어린이들에게 주어지는 최소한의 이익브다 더 크다고 생각한다. 그것이 사실이 될 수도 있다. 예배에 한 번 참석했다고 제대로 양육되는 어른이 없는 것처럼 아이들 역시 공 예배 참석이 주는 영향을 측정해 보기 전에, 먼저 예배를 함께 드릴 기회부터 주어야 한다.

미니애폴리스 솔로몬의 행각 교회에서 온 한 엄마는 나에게 자녀들이 공 예배에 참여하여 실제로 이익을 얻는지 의심스럽다고 말했다. 그 후 어느 날 밤 그녀는 자기 두 아들의 잠자리를 준비하고 있었다. 그때 동생이 엄마에게 하늘나라는 무엇과 같은지 물었다. 엄마가 대답하기도 전에 형이 이렇게 말했다. "치코(Chico)야, 너 하늘나라가 어떤지 알고 있잖아. 그건 우리가 교회에서 부르는 노래와 같은 거야." 그리고 형 르우벤(Reuben)은 솔로몬의 행각 교회가 작사한 노래 '황금 길'의 한 문구를 인용해 주었는데, 그것은 실제로 하늘나라에 관한 내용이었다! 하늘나라에서 하나님과 함께 사는 삶에 대한 이 어린이의 영적 이해는 공 예배에 참석함으로 더 풍성해졌던 것이다. 그 엄마는 현재 아이들을 예배에 참석시키는 것이 아이들의 영적 성장에 참으로 귀중한 한 단계임을 확신하고 있다. 이는 교회를 위해서도 중요하다.

지역 교회에서 어린이 양육은 기독교 교육보다 훨씬 중요하다. 어린이들은 어른들을 보고 모방하면서 배우고, 자신들을 상상의 세계로 투영하면서 배운다. 색깔, 소리, 냄새, 몸짓으로 이루어진 언어적·비언어적 요소들의 풍부한 혼합인 예배는 어른들에게 영적인 영양을 공급해 주는 원천이 분명하지만, 아이들에게도 중요한 영양 공급원이 될 것임에 틀림없다. 그런데 실제로 그렇게 되려면, 성직자와 예배 위원회는 공 예배를 아이들이 참석하기 쉬운 모임으로 만들고, 부모와 다른 교인들이 자유롭게 예배하도록 아이들을 조용히 해야 하는 존재나 분위기를 소란스럽게 하는 침입자로 볼 것이 아니라 어른들과 동일한 예배자라는 것을 구성원들에게 진지하게 교육해야 한다.[30]

어떤 연령의 어린이든 공 예배의 침입자가 아니며 그렇게 여기는 것은 하나님에 대한 모독이다. 나는 이 세대의 어린이들과 다가오는 세대와 함께 살아가는 어린이들이 하나님을 체험하고 또 하나님의 백성과 함께 체험하기를 간절히 바란다. 하나님의 백성인 공동체가 연합하여 함께 드리는 공 예배는 다른 무엇보다도 하나님을 체험하고 하나님과의 관계에 대한 체험을 의미한다.

---

[30] Pritchard, 143.

제9장
포스트모던 신앙의 형성

CHAPTER

09

나는 큰 그림으로 내 생각들을 그려 보이려 노력했고, 변형시킬 수 있는 개념을 제시하려고 했지단 그것들이 당신의 교회에서 어떻게 역할을 할지는 오직 당신 손에 달렸다. 그리고 나는 여러분들의 각 공동체가 어린이들의 영혼을 돌보려고 계발하는 과정들을 듣기를 간절히 바란다.

포스트모던 신앙의 형성

현재 나의 어린이 사역을 돕는 자원 봉사자들 중 한 사람이 몇 개월 전 지나가는 말로 나에게 말했다. "당신이 (어린이 사역에서) 하고 있는 일은 분명히 이 시대의 문화와는 맞지 않아요. 하지만 그 일을 계속해야 합니다."

이렇게 급속하게 변하는 천 년기 후기의 문화 속에 있는 어린이들의 영적 필요에 부응해야 한다면 교회가 변화해야 한다는 의식이 점진적으로 자라고 있다. 가장 먼저 무엇보다도 중요한 것은 현재 교회들이 행하는 어린이 사역의 의미와 경향을 재고해야 한다는 것이다. 20세기 말에 교회는 소비자 중심주의라는 사이렌 소리에 미혹 당했다. 그래서 디즈니 만화 영화 같은 아동 프로그램을 제공하는 것이 더 많은 어른 성도들을 불러 모으는 길이라고 믿기에 이르렀다. 그렇게 하면서 교회는 어린이의 영적인 신앙 형성이 어떤 의미인지, 어린이들이 하나님을 알고 사랑하도록 돕는 것, 예수님의 길을 따라 산다는 것 등이 무엇인지에 대한 감각을 무시하고 또 잃어버리고 말았다. 그리고 교회들은 어린이들이 어른들의 삶에서 영적으로 무엇을 필요로 하는가에 대한 감각도 잃어버렸다.

이 변화들 중 그 어느 것도 쉽게 변하지 않을 것이다. 일부 부모들은 어린이들을 공 예배에 참석시키는 것을 달가워하지 않아서 교회에서 아이들을 참석시키면 주일에 교회에 나오는 것을 거부한다. 최근의 현대 교회들은 어린이들이 스릴 있게 보는 프로그램을 제공하는데 우리 교회의 많은 부모들도 그것을 원한다. 내가 우리 교회의 성인 프로그램을 지원해 주려고 어린이 프로그램을 제공하지 않거나, 부모들에게 어떤 프로그램의 한 순서에 와서 어린이들과 같이 배우기를 요청하면 부모들은 나에게 불평한다. 이러한 사역 환경은 지금까지 내가 섬겨온 다른 어떤 교회에서보다도 더 많은 투쟁을 하게 했다. 나는 줄곧 그 싸움이 가치 있는 투쟁이라고 생각해 왔는데 그 이유는 예수님이 말씀하신 빛과 소금이 될 잠재력이 있는 어린 영혼들과 공동체를 위하여 싸운다고 믿기 때문이며, 그 과정에서 어린이의 영혼을 가치 있게 평가하는 일이 서서히 시작되고 있기 때문이다.

그러나 나의 신앙 공동체는 당신의 신앙 공동체가 아니다. 당신의 싸움은 어쩌면 나의 싸움과는 다를 것이고, 당신의 공동체에서 가족과 공동체 그리고 예배라는 세 기둥을 둘러싼 어린이 사역을 이룩하는 방식이 내가 섬기는 공동체의 방식과는 다를 것이다. 최근에 새로 생긴 이머징 교회들이 어린이들의 영혼을 돌보려는 비전을 발전시키고 있는 바와 같이, 이런 계획과 이상 그리고 혁신들은 각 공동체 고유의 특별한 풍조에서 나와야 한다. 21세기에 새로 세워지는 교회에 어린이들의 영적 성숙에 필요한 것을 제공하는 지역 기독교 서점에서는 각 교회의 특성에 맞는 모든 필요가 갖추어져 있지는 않다.

만일 이 책의 앞의 여러 장들 중 내가 어떤 것을 찾으려고 노력했다면, 그것은 어린이들의 신앙 형성은 결코 교회에 얼마나 많은 프로그램이 있느냐의 문제가 아니고, 또 이 프로그램들의 질에 관한 문제도 아니라는 것이다. 그것은 아이들과 함께 서로 영향을 주는 사람들의 태도와 질에 관한 것이요, 신앙 공동체의 전반적인 영적·관계적 질에 관계된 것이다. 부탁하기는 이 책에 나온 아이디어들을 당신이 맡은 어린이들의 영적 성숙을 위한 방식이나 계획으로 그대로 도입하지 말기 바란다. 나는 큰 그림으로 내 생각들을 그려 보이려 노력했고, 변형시킬 수 있는 개념을 제시하려고 했지만 그것들이 당신의 교회에서 어떻게 역할을 할지는 오직 당신 손에 달렸다. 그리고 나는 여러분들의 각 공동체가 아이들의 영혼을 돌보려고 계발하는 과정들을 들기를 간절히 바란다.

　　이 책은 대화의 시작이지 끝이 아니다. 나는 미국 전역을 돌아다니면서 실제로 어린이 사역을 하는 사람들과 새로 시작하는 교회에서 어린이들을 돌보는 데 관심을 기울이는 사람들에게 강연을 하고 또 대화를 하였다. 여기서 내가 발견한 것은 그들 모두가 어린이 사역 세계에서 무언가가 분명히 잘못되었다는 막연한 감정만을 품고 있다는 것이다. 그들은 우리의 세계와 문화가 우리에게 무언가 다른 어떤 일을 하라고 요구하고, 어린이들을 양육하는 데 새로운 우선순위가 필요하다는 사실도 알고 있지만 그들 중 누구도 이 우선적인 것이 무엇이고, 또 현재 상황에서 이 우선순위를 충족시키기 위해 어떻게 해야 할지 모른다.

　　이 책은 이런 사람들에게 새로운 방향으로 나아가도록 몇 가지 안내와 몇 가지 아이디어를 제공하기 위한 시도지만 이 주제에 관한 최종적 결론은 결코 아니다.

　　나는 이런 시도의 결과로 나타날 것들을 놓고 열띤 토론을 하기를 간절히 바란다.

　　나는 여러분이 나를 가르칠 만한 새로운 것들을 연구하기를 간절히 바란다.

　　무엇보다도 나는 우리가 돌보는 어린이들의 영혼이 그들을 사랑하시는 하나님에게로 나아가는 것을 보기를 간절히 바란다.

포스트모던 시대의
어린이 사역

2010년 2월 25일 초판 1쇄 인쇄
2010년 2월 30일 초판 1쇄 발행

지은이 : 이이비 벡위트(Ivy Beckwith)
옮긴이 : 정일오 · 최형걸
펴낸이 : 장대윤

펴낸곳 : 도서출판 대서
서울 서초구 방배동 981-56
Tel 583-0612, Fax 583-0543
daiseo1216@hanmail.net
등록 제22-2411호

ISBN 978-89-92619-23-3 03230

Postmodern Children's Ministry
Copyright ⓒ Ivy Beckwith

Korean Edition Copyright ⓒ 2009 by DaiSeo, Seoul, Republic of Korea.
Translated and used by permission of ZONDERVAN Press through arrangement of
rMaeng2, Seoul, Republic of Korea

본 저작물의 한국어판 저작권은 알맹2를 통하여 ZONDERVAN Press 와 독점 계약한 대서출판사에 있습니다. 저작권법에 의하여 한국 내에서 보호받는 저작물이므로 무단전재와 무단복제를 엄격히 금합니다.

책값은 뒤표지에 있습니다.
잘못된 책은 바꿔드립니다.